»WIE DIE WELT VON MORGEN AUSSEHEN WIRD,
HÄNGT IN GROSSEM MASS VON DER EINBILDUNGSKRAFT
JENER AB, DIE GERADE JETZT LESEN LERNEN.«

ASTRID LINDGREN

MONIA BEN LARBI & STEPHAN BREIDENBACH

TRENDREPORTBILDUNG

Die Deutsche Nationalbibliothek verzeichnet diese Publikation in der Deutschen Nationalbibliografie; detaillierte bibliografische Daten sind im Internet über http://dnb.dnb.de abrufbar.

(c) Monia Ben Larbi & Stephan Breidenbach • Illustrationen: Jana Franck • Layout: Kerstin Baarmann
Herstellung und Verlag: BoD - Books on Demand, Norderstedt • ISBN: 978-3-74481-966-4

VORWORT DES UNTERSTÜTZERS

Wo, wann und wie findet Lernen in der Zukunft statt? In der aktuellen Bildungslandschaft zeichnen sich verschiedene Trends ab, die uns zeigen, welche Formen des Lehrens und Lernens mit unseren gesellschaftlichen Entwicklungen einhergehen. Als aktives Mitglied der Bewegung Schule im Aufbruch erfahre ich von unterschiedlichen Projekten, die uns unser Verständnis von Bildung neu denken lassen und die ich persönlich als große Bereicherung für meine eigene Arbeit erlebe. Schule im Aufbruch hat viele dieser kleinen und größeren Projekte und Initiativen rund um die Welt genauer betrachtet und deren Trends analysiert. Daraus ist ein Trendreport entstanden, der für jeden, dem das Thema Bildung am Herzen liegt, neue Ideen und Visionen entstehen lassen kann.

Darin wird deutlich, dass vom frühen Kindesalter an, in unterschiedlichsten Kontexten und zu verschiedensten Themen Lernen stattfindet und wir Bildung als etwas verstehen müssen, das die Grenzen unserer bisherigen Prägung dieses Begriffs verlässt. Gemeinsam ist den identifizierten Trends, dass der Lernende im Mittelpunkt steht, seine Lernprozesse zunehmend selbst steuert, seine Lerninhalte selbst auswählt und das Lerntempo bestimmt und dabei mit anderen Lernenden interagiert. Bildung und die persönliche Weiterentwicklung im Alltag lassen sich kaum voneinander trennen. Wesentlich ist die Entwicklung von Kompetenzen, die im Leben – einschließlich dem Arbeitsleben und dem gesellschaftlichen Zusammenleben – benötigt werden.

Das lebenslange Lernen setzt sich selbstverständlich auch im Erwachsenenalter fort. Für viele Menschen stellt sich im Laufe ihres Berufslebens die Frage nach Veränderung und Weiterentwicklung ihrer fachlichen und persönlichen Kompetenzen. In unserer Firma, der WBS TRAINING AG, begleiten wir jedes Jahr Tausende Menschen in genau diesen Veränderungs- und Entwicklungsphasen ihres Lebens. Dabei haben wir uns in der Entwicklung unserer verschiedenen Bildungsangebote auch gefragt, wie wir die Gedanken von Schule im Aufbruch in die Konzeption und Didaktik unserer Seminarangebote für Erwachsene einbringen können und dabei gleichzeitig den Lernenden aber auch den finanzierenden Auftraggebern, z.B. Firmen oder staatlichen Förderträgern, gerecht werden können. Hierbei stellt der Trendreport Bildung sowie auch frühere Arbeiten der Initiative Schule im Aufbruch für mich eine wegweisende Inspiration in der Gestaltung unserer Angebote in unserem Bildungsunternehmen dar.

Gemeinsam sollten wir uns alle fragen, wie Motivation und Spaß am Lernen mehr verstärkt werden können, so dass Menschen in allen Regionen, Altersgruppen und Bereichen des gesellschaftlichen Lebens gerne lernen und den nötigen Zugang zu Bildung und Lernmaterialien erhalten.

Viele Menschen stellen sich auch die Frage nach dem Sinn ihres Tuns bzw. ihrer Arbeiten oder Aufgaben, denen sie nachgehen. Für Lernende ist ein erkennbarer Sinn hinter ihren Aufgaben natürlich ein wesentlicher Faktor für ihre persönliche Lernmotivation. Aber auch für immer mehr Menschen, die Bildungserlebnisse mitgestalten – ob als Trainer, Lernbegleiter, Organisatoren, Entwickler oder als Hausmeister – ist es ein zentrales Anliegen dabei sinnstiftend zu wirken. In der WBS TRAINING AG haben wir gemeinsam dem Sinn unseres TUNs und somit auch dem Sinn unseres Bildungsunternehmens nachgespürt und in Worte gefasst. Eine Essenz unseres dabei formulierten Sinns besagt: »Das Potenzial in jedem Menschen sehen und gemeinsam wachsen. Wir geben Kraft zur Entfaltung und Erneuerung«. Genau das ist es, was viele Bildungsgestalter täglich antreibt: andere Menschen mit all ihren Potenzialen wahrnehmen, sie in Ihrer Entwicklung unterstützen und ihnen die Möglichkeiten zur Entfaltung zu geben.

Es freut mich, dass Menschen, die weltweit Bildungsprojekte und Initiativen mitgestalten, zunehmend entsprechend einem gemeinsamen zukunftsorientierten Verständnisses des Begriffs Bildung arbeiten und sich selbst und andere Menschen auf die Aufgaben, die in unserer Welt morgen auf sie warten, gut vorbereiten. Zu den Trends, die auf diesem Weg in der Bildungslandschaft derzeit am Entstehen sind, finden Sie viele inspirierende Beispiele im vorliegenden Bericht.

April 2017, Heinrich Kronbichler, Vorstand der WBS TRAINING AG

DANKSAGUNGEN

An das Team des betterplace lab für die Idee und Begleitung, insbesondere Dennis und Joana • An Heinrich Kronbichler und die WBS TRAINING AG für die wertvolle finanzielle Unterstützung • An Anne Volkmann, deren Aufgabe als Texterin weit über ein Lektorat hinausging • An Marius Fischer für die unermüdliche Entdeckung neuer Projekte • An das Team des Education Innovation Lab für die Durchführung des Expertenworkshops, insbesondere Susanne und Elias • An Jana Franck für die Umsetzung unserer Gedanken in eine Bildsprache • An Claudia Morten für die Umsetzung online und print und die kontinuierlichen Nachfragen, ob was wir tun auch wirklich hilfreich ist • An Kerstin Baarmann für die Gestaltung dieses Buches • An Anna Holfeld für die Abwicklung aller finanziellen Belange • An alle Schulen im Aufbruch, an denen mutige Menschen täglich beweisen, dass Bildung auch ganz anders sein kann • An alle Bildungspioniere weltweit, die sich dafür einsetzen, dass Menschen sich im Einklang mit einer nachhaltigen Welt entwickeln dürfen

FRISCHER WIND FÜR BILDUNG

Das Bildungssystem in Deutschland ist über Jahrzehnte gereift. Doch bevor es schal wird, müssen wir es mit frischer Luft versorgen, für das 21. Jahrhundert. Die Gesellschaft hat sich radikal verändert. Bildung zielt dagegen noch auf Wissen und Fähigkeiten des 20. Jahrhunderts ab. Und doch haben Bildungspioniere aus allen Bildungsbereichen überall auf der Welt begonnen, Elemente einer neuen Lernkultur zu etablieren. Deshalb zeigt dieser Trendreport nicht nur anhand von Trends, die auf einer gewissen Metaebene die aktuellen Entwicklungen beschreiben, wie es gehen kann. Er zeigt auch anhand konkreter Beispiele, wie es schon besser geht. Vielen Bildungsmachern ist klar, dass etwas passieren muss. Gleichzeitig sind wir alle durch ähnliche Bildungsbiografien geprägt und gehen davon aus, dass Schule oder Hochschule so sein muss, wie wir es erlebt haben. Können wir uns andere Gestaltungsmöglichkeiten überhaupt vorstellen? Wir beschreiben daher hier, was möglich ist, wie Bildungsinnovationen bereits umgesetzt werden, welche Erfahrungen die Menschen damit machen und was wir vielleicht daraus lernen können. Damit möchten wir dem Leser als Teil unserer lernenden Gesellschaft helfen, gedankliche Grenzen zu überwinden, möchten Gestaltungsfantasien anregen. Der Trendreport ist so ein Seismograph für unsere künftige Bildungs- und Schullandschaft.

Wieso zum Beispiel eine Schule nicht nach einem spielebasierten Lernprinzip aufbauen? Oder stundenlang Räucherkerzen drehen, damit Schüler ein emotionales Verständnis für das Problem der Kinderarbeit entwickeln? Und wenn die Kinder nicht zur Schule kommen, warum kommt dann nicht die Schule zu ihnen?

Die Beispiele bzw. Cases zeigen, wie Bildungspioniere bereits überall auf der Welt Funken einer neuen Lernkultur schlagen - einer Lernkultur für Menschen, die Gesellschaft aktiv mitgestalten, die zusammen arbeiten, die ihr vielfältiges Potenzial einbringen und die die Digitalisierung als Selbstverständlichkeit betrachten.

Die Cases sind der Stoff, aus dem die Trends gemacht sind. Der Blick auf die Cases als Elementarteilchen zeigt, dass viele von ihnen ähnliche Eigenschaften aufweisen bzw. Teil einer ähnlichen Entwicklung sind, die als Trends zeigen, in welche Richtung sich Innovationen im Bildungsbereich entwickeln. Selbstorganisiertes Lernen ist beispielsweise von zentraler Bedeutung, wenn darum geht, unser Bildungssystem zu modernisieren. Und wie schon in anderen Lebensbereichen, führt das Phänomen der Gamification auch an Schulen zu Lernerfolgen. Und die Duale Bildung 3.0 versteht Lernen und Arbeiten endlich als einen integrierten Prozess.

So will der Trendreport Bildung nicht nur praxisnahes und handlungsrelevantes Wissen vermitteln. Er will Fürsprecher eines Bildungssystems sein, das keine Angst vor Innovation hat und den Anschluss nicht verpasst. Dieser Trendreport zielt nicht nur auf mediale und politische Unterstützung ab. Er will die wichtigsten Entwicklungen im Bildungsbereich auch einer breiten Öffentlichkeit zugänglich machen. Denn je mehr Menschen erfahren, wie unsere Bildung von frischem Wind profitiert, desto schneller profitiert unsere ganze Gesellschaft davon.

DIE ENTSTEHUNG DES TRENDREPORTS

Wir haben genau das getan, was wir mit diesem Trendreport auch erreichen wollen: wir haben uns von den Tätigkeiten anderer inspirieren lassen. Der Trendradar des betterplace labs hat uns restlos überzeugt. Wir wollten diese Ressource, die digitalen Weltverbesserern zur Verfügung gestellt wird, auch für Bildungsakteure erschließen. Das Team des betterplace lab hat immer all unsere Fragen beantwortet und jederzeit konkretes Feedback gegeben. Ohne sie gäbe es diesen Trendreport nicht. Von ihnen haben wir die Vorgehensweise übernommen, nach konkreten, bereits umgesetzten Projekte zu suchen und aus der Gegenüberstellung nach Gemeinsamkeiten zu forschen. Der Trendreport ist demnach kein theoretisches Gerüst, sondern eine Metastruktur praktischer Erfahrungen.

In einem ersten Schritt haben wir im Rahmen eines Workshops mit einer großen Vielfalt an Experten nach Themen gesucht, bei denen sie Trends vermuten. Diese sehr breite Aufstellung hat uns dann als Hilfestellung bei der Projektrecherche gedient. Im nächsten Schritt haben wir, unterstützt auch durch unsere studentische Hilfskraft Marius Fischer, weltweit nach Projekten gesucht, die uns inspirieren oder irritieren. Wir haben Fachzeitschriften, Preisverleihungen, Reden, Blogs u.ä. durchforstet. Herausfordernd für uns war, nicht die Projekte zu wählen, die tolle und wichtige Inhalte verbreiten, sondern uns wirklich für diejenigen zu entscheiden, deren Lernprozess interessant ist. Wir haben bei der Recherche auch immer wieder versucht, darauf zu achten, dass wir verschiedene Bildungszweige und Länder einbeziehen. Als wir fünfzig »Cases« (so nennen wir die Projekte) hatten, haben wir zu jedem Case aufgeschrieben, was daran besonders ist und diese Besonderheiten dann in den direkten Bezug zueinander gesetzt. Immer dann, wenn in mehreren Cases eine Besonderheit vorkam, haben wir genauer hingesehen. Hieraus sind »Trends« entstanden, Entwicklungen, die in verschiedenen Kontexten an verschiedenen Orten dieser Welt gerade parallel entstehen. So haben wir, in dieser allererersten Fassung, die elf Trends identifiziert, die in diesem Buch beschrieben sind. Schließlich hat Anne Volkmann aus all unseren Entdeckungen und Gedanken fertige lesenswürdige Texte verfasst.

Wie geht es nun weiter? Dieses Buch beinhaltet die allererste Fassung, die Veröffentlichung des ersten Zwischenstandes unserer Arbeit. Wir haben bereits neue Cases gesammelt und sind weiter auf der Suche nach dem, was mutige Menschen weltweit umsetzen. Nach den nächsten fünfzig Cases eröffnen wir die Trendbestimmung ganz neu. Wir sind schon sehr gespannt, ob sich die bisherigen Trends bestätigen und welche weitere Trends hinzukommen. Nach der bisherigen Arbeit haben wir schon ein paar Vermutungen, doch die Trends, die wir in diesem Buch beschreiben, haben wir auch nicht alle erwartet. Es bleibt also spannend.

TRENDS

BIG DATA FÜR BILDUNG

Wie wäre es, wenn Lehrende sofort auf Knopfdruck erfahren könnten, zu welchen Themen ihre Lernenden noch Unterstützung brauchen, bei welchen Aufgaben sie Schwierigkeiten haben oder was sie schon super beherrschen? Statt in gleichmäßigem Rhythmus Themen abzuarbeiten, könnten sie sich auf das konzentrieren, was wirklich noch Vertiefung benötigt. Die Lehrenden könnten auch direkt erfahren, wenn ihre Aufgabenstellungen weiterführende Erklärungen benötigen oder schlichtweg nicht umsetzbar sind. Dank der Möglichkeiten von Big Data (Speicherung, Bearbeitung und Analyse von immensen Datenmengen) und der zunehmenden Verwendung von digitalen Medien in Lernprozessen stehen uns in der Bildung inzwischen mehr Daten denn je zur Verfügung. Jedes Video, das in Online-Kursen gesehen wird, liefert uns Informationen darüber, ob Teilnehmende es bis zu Ende gesehen oder möglicherweise mehrmals zurückgespult haben. Jede Multiple-Choice-Aufgabe gibt sofortige Rückmeldung darüber, wie viele Menschen sie beim wievielten Versuch richtig lösen konnten. Wir können erkennen, ob Menschen mehr Zeit mit Texten oder mit Videos verbringen, sich in Lerngemeinschaften einbringen oder lieber alleine arbeiten, schnell oder langsam lernen.

Der Traum vom perfekten Lernsystem?

In vielen Schulen, Universitäten und Kursen ist das alles schon Realität. Wie sieht das konkret aus? Schüler sitzen zum Beispiel im Unterricht in kleinen Gruppen vor ihren Geräten (PCs, Tablets, Handys) und bearbeiten Aufgaben. Die Lehrenden erhalten auf ihrem Bildschirm kontinuierliche Informationen darüber, welche Aufgaben bereits erledigt wurden und wie die Klasse hierbei abschneidet. Sie sehen also sofort, wenn eine Klasse Themen beherrscht oder mit ihnen noch kämpft, und können die Schwerpunkte ihres Unterrichts daran anpassen. Ein anderes Setting sind Online-Kurse, die teilweise Zehntausende von Teilnehmer haben. Hier erhalten die Lehrenden über die Datenanalyse Informationen darüber, wenn bei gewissen Aufgaben eine hohe Anzahl von Teilnehmern Schwierigkeiten hat, und können direkt nachsteuern, beispielsweise mit einer besseren Erklärung. Durch Informationen über statistische Normabweichungen werden die Kurse nach und nach so optimiert, dass sie für die größte Anzahl an Personen funktionieren. In großen Organisationen können Lerndaten auch für die Auswahl der Weiterbildungsangebote eingesetzt werden, da direkte Auswertungen über gewünschte und empfohlene Themen sowie Anmeldungen und Zufriedenheit aus der Vergangenheit zusammenlaufen. Diese Systeme richten sich oftmals an die Mehrheit einer Gruppe von Lernenden und so kann eine Lehre entwickelt werden, die so vielen Menschen wie möglich entspricht. Gleichzeitig kann das Sammeln von Daten aber auch dazu beitragen, individuelle Lernstile zu berücksichtigen; daher fließen auch die Lerndaten über Lernvorlieben zunehmend in die Auswertungen ein. Wenn Lernstile klar identifiziert sind (lieber in Gruppen oder alleine, lieber praktisch oder theoretisch, lieber lesend oder durch Videos, lieber mit oder ohne Lehrende etc.) können auch hierzu Lerndaten gesammelt werden, und zwar für die Gruppe ebenso wie für die einzelne Person. Durch lernende Programme erhalten die Lernenden Aufgaben, die immer mehr auf sie zugeschnitten werden. Diese technischen Möglichkeiten lassen so die alte Sehnsucht nach einer »Lernmaschine« wieder aufleben. Vielleicht gibt es das datengefütterte Programm, das für jeden den richtigen Inhalt im richtigen Aufgabentyp ausspuckt?

Auch der menschliche Faktor zählt

Dieser fast mechanistische Blick auf das Lernen ist ein klarer Zugewinn für das passgenaue Zuschneiden von Lernstoff. Alle rein fachlichen Aspekte von Lernkontexten können an dieser Stelle stark profitieren. Lernkontexte haben es jedoch nur selten zum Ziel, ausschließlich fachliche Inhalte zu vermitteln, und wie andere Trends zeigen, werden soziale Fähigkeiten immer wichtiger für ein erfolgreiches und lebenswertes Leben. Digitale Angebote, die auf Lerndaten basieren, sind daher vor allem dann hilfreich, wenn sie mit analogen Interaktionen kombiniert werden, in denen soziale Kompetenzen und die persönliche Entwicklung im Zentrum stehen. Selbstverständlich stellen sich hier auch Fragen zum Thema Datenschutz, insbesondere wenn nicht mehr nur der Lernrhythmus der Masse, sondern auch des Einzelnen gespeichert und analysiert wird. Der Umgang mit dem »transparenten Lerner« ist an vielen Stellen noch unklar und besonders umstritten, wenn es um die Daten von Kindern geht. So könnte die Analyse von lebenslangen Lerndaten beispielsweise als scheinbar objektive Vorhersage für Studien- oder beruflichen Erfolg genutzt werden. Fazit: Die Datenmengen über Lerninhalte und Lernverhalten, die uns zur Verfügung stehen, ermöglichen völlig neue Herangehensweisen an das Thema Lernen. Kontinuierliche Verbesserung des Materials und des Unterrichts sowie die Anpassung an den Bedarf sowohl der Gruppe als auch des Einzelnen werden dadurch einfacher. Mit Achtsamkeit in Bezug auf Datenschutz und der Einsicht in die Notwendigkeit von zwischenmenschlicher Kommunikation als Teil des Lernprozesses bieten sich hier große Chancen.

Cases

 Khan Academy
(S. SEITE 83)

 Coursera
(S. SEITE 78)

 GoogleEDU
(S. SEITE 77)

 Quest to Learn
(S. SEITE 38)

 Stanford Mobile Inquiry-Based Learning Environment *(S. SEITE 69)*

 School of One
(S. SEITE 76)

BILDUNG FÜR ALLE

Jedes Kind sollte zur Schule gehen. Und jeder, der will und die notwendigen Leistungen erbringt, sollte studieren können. Und das überall auf der Welt. Ist das nur ein schönes Ideal? Vermutlich, wenn die Erreichung dieses Zieles nur den Regierungen überlassen wird. Aber was wäre, wenn sich viele kleine Initiativen überall auf der Welt dafür einsetzen, dass Bildung für alle Realität werden kann? Könnten wir dem Ziel dann nicht näher kommen?

Es gibt viele verschiedene Gründe dafür, dass Menschen keinen Zugang zur Bildung haben. Für die einen ist die nächstliegende Schule einfach nicht zu erreichen. Für andere ist Bildung schlichtweg nicht bezahlbar, oder es stehen nicht genügend Schul- oder Ausbildungsplätze zur Verfügung. Manche wiederum haben zwar theoretisch die Möglichkeit, zur Schule zur gehen, tun dies aber aus verschiedenen Gründen nicht.

Eine Lösung, um mehr Menschen das Lernen zu ermöglichen, ist heutzutage naheliegend: das Internet. Jeder, der über einen Internetzugang verfügt, kann lernen. Diese Möglichkeit wird bei der Erwachsenenbildung schon häufig genutzt, bei der für Kinder bisher noch weniger. So stellen im Rahmen von MOOC's (Massive Open Online Courses) viele Hochschulen Kurse kostenfrei zur Verfügung, teilweise sogar ganze Studiengänge. Zwar sind die Prüfungen und Zertifikate am Ende der Kurse oder Studiengänge meist nicht kostenlos, doch teilweise können dann Stipendien bei der Finanzierung helfen.

Konkrete Lösungen statt vieler Theorien

Nun haben die meisten Menschen auf der Erde nach wie vor keinen Internetzugang. Dann geht es häufig vor allem darum, ihnen Kompetenzen zu vermitteln, die ihnen ein selbständiges Leben ermöglichen. Viele Initiativen widmen sich dieser Aufgabe. Bei Kindern, die beispielsweise in schwer zugänglichen Gebieten, in Rotlichtvierteln oder sogar auf der Straße leben, heißt das Motto dann oft: Wenn die Kinder nicht zur Schule kommen können, dann kommt eben die Schule zu ihnen – ob auf Booten, mit Bollerwagen oder durch Lese-Initiativen in Flüchtlingslagern. Die vermittelte Bildung umfasst dann nicht immer alle klassischen Fächer, sondern vor allem die Kompetenzen, welche die Kinder in ihrer konkreten Umgebung für ein besseres Leben oder auch schlicht zum Überleben benötigen. Dabei können dann zum Beispiel Gemüseanbau oder Nähen wichtiger sein als Europäische Geschichte und Frauenrechte wichtiger als Physik. Und auch ein Schulabschluss ist dann nicht immer unbedingt das Ziel.

Bildung für alle bedeutet demnach eine große Anpassungsfähigkeit an die Gegebenheiten vor Ort und Fragen wie: Welchen konkreten Bedarf gibt es in der Region? Wie sieht die Infrastruktur aus? Welche Probleme müssen vorranging gelöst werden? Welche Kompetenzen benötigen die Menschen am dringendsten? Und wie kann Bildung zur Entwicklung einer funktionierenden Gesellschaft beitragen?

Bildung für alle bedeutet also nicht unbedingt, alle mit den gleichen Bildungsinhalten zu versehen, sondern kann auch bedeuten, mit einfachen und kreativen Mitteln lokale Lösungen für die Menschen und das Gemeinwesen vor Ort zu entwickeln.

Cases

University
of the people
(S. S. 49)

Shidhulai Swanirvar
Sangstha
(S. S. 59)

Kranti
(S. S. 64)

Colegio Cardenal de
Cracovia
(S. S. 66)

Mobile School
(S. S. 53)

Coursera
(S. S. 78)

The Afghan
Institute of Learning
(S. S. 62)

We love reading
(S. S. 42)

CHANGE MAKING

Die Menschen stehen vor großen globalen Herausforderungen. Der Klimawandel, Kriege, Wirtschaftskrisen, Armut und mangelhafte Gesundheitsversorgung in vielen Gebieten der Erde erfordern neue und innovative Lösungsansätze, und es wird immer deutlicher, dass das Finden dieser Lösungen nicht alleine den staatlichen Stellen überlassen werden kann. Nur das Engagement vieler Menschen und das Zusammenwirken verschiedenster Lösungsmodelle können zu wirklichen Veränderungen führen. Wir entlassen unsere Kinder also in eine Welt, in der es viel zu tun und zu verändern gibt und in der Kreativität, Mut und Verantwortungsbewusstsein zu den wichtigsten Kompetenzen zählen. Um neue Lösungen für die bevorstehenden Herausforderungen zu finden, genügen Intelligenz und konkrete wissenschaftliche Fähigkeiten nicht mehr. Vielmehr bedarf es zusätzlich einer bestimmten Einstellung und Haltung. Eine wichtige Haltung ist hierbei der Glaube an die eigene Wirksamkeit. Zwar mag ein Einzelner nicht die ganze Welt retten und die eigenen Aktivitäten mögen zuweilen wie ein Tropfen auf den heißen Stein wirken, doch viele Menschen, die an verschiedenen Stellen kleine Lösungen umsetzen, können Erstaunliches bewirken. Die innere Haltung, die es zu vermitteln und zu erlernen gilt, ist also, dass ICH tatsächlich etwas verändern kann, dass mein Beitrag zählt und wichtig ist. Und dieser Gedanke kommt allmählich auch im Bildungssystem an. Unter dem Oberbegriff »Change Making«, dem Herstellen von Veränderung, arbeiten immer mehr Bildungseinrichtungen mit verschiedenen Formaten, in denen sich Lernende Gedanken zu realen Problemen in Wirtschaft und Forschung machen, diese zu kleinen Lösungen bringen und sie dann auch konkret umsetzen. So gibt es in Indien eine Schule, die sich zu großen Teilen der Lösung von Umwelt- und Ernährungsfragen widmet, in Deutschland hat ein Junge eine Initiative gegründet, durch die bereits mehrere Milliarden Bäume auf der ganzen Welt gepflanzt wurden, und der Lehrplan mancher Universitäten besteht vor allem darin, dass sich die Studenten gegenseitig helfen, Projekte umzusetzen, die soziale oder ökologische Probleme lösen sollen.

Das Gefühl von Selbstwirksamkeit stärkt Motivation und Selbstvertrauen
Neben den konkreten Lösungen, die auf diesem Weg gefunden werden, stellt diese Art von Lernen auch eine enorme Motivation für die Schüler und Studenten dar. Sie sehen ein, dass sie selbst wirklich zu Veränderungen beitragen können und dass sie dazu bestimmtes Wissen benötigen. So motivieren die großen, ungelösten Fragen auch dazu, sich mit vielen verschiedenen Disziplinen zu beschäftigen: Will ich beispielsweise Umweltprobleme verstehen und lösen, benötige ich dafür Geografie, Wirtschaft, Geschichte, Biologie, Physik, Mathematik, Technik und viele andere Kompetenzen. Zudem lerne ich, dass die großen Fragen der Menschheit nicht alleine zu lösen sind, so dass dies auch automatisch zur Einsicht in die Bedeutung von sozialen Kompetenzen führt. Kindern zu vermitteln, dass sie aktiv unsere Gesellschaft verändern können, dass sie Lösungen für Umwelt- und Gerechtigkeitsfragen finden können, ist also vielleicht die wichtigste Aufgabe des modernen Bildungssystems – auf individueller wie auch auf globaler Ebene. Denn ein Lernen, das als sinnvoll erlebt wird, vermittelt Lust, Motivation und Selbstwertgefühl. Und gleichzeitig betrachten Kinder und Jugendliche Probleme oft sehr viel konkreter als Erwachsene und finden so manche Lösungen, die Erwachsenen verborgen bleiben – vielleicht, weil sie manchmal zu einfach erscheinen.

Cases

 Green School
(S. S. 57)

 Mobile School
(S. S. 53)

 Public Lab
(S. S. 84)

 The Afghan Institute of Learning
(S. S. 62)

 Riverside School
(S. S. 40)

 Kaos Pilots
(S. S. 82)

 Plant for the Planet
(S. S. 65)

 Bildungsagenten
(S. S. 50)

 The World Peace Game
(S. S. 37)

 Shidhulai Swanirvar Sangstha
(S. S. 59)

 Kranti
(S. S. 64)

DUALE BILDUNG 3.0

Zuerst lerne ich, dann arbeite ich. Zuerst erwerbe ich so viel Wissen wie möglich, dann wende ich es an. Dies scheint in unserem Bildungssystem die vorgegebene Reihenfolge zu sein. Doch ist das eigentlich sinnvoll? Und das in einer Zeit, in der Wissen sowieso stets verfügbar ist und sich eher die Frage stellt, wann und wie ich es anwende? Und in der sich das Wissen so rasant erweitert, dass Erfolg ein lebenslanges Lernen voraussetzt?

Duale Bildung verbindet Lernen und Arbeiten und betrachtet beides als einen Prozess. Diesen Ansatz gibt es schon länger, doch bisher bezog er sich hauptsächlich auf die Ausbildungszeit zwischen Schule und Arbeit. Mittlerweile wird das Konzept der dualen Bildung aber immer umfassender angewandt. Häufig beginnt nun schon in der Schule das praktische Arbeiten und gleichzeitig wird Lernen Teil des Berufsalltags.

An vielen Bildungsstätten hat dieses Umdenken bereits stattgefunden. An ihnen befinden sich Jugendliche den größten Teil ihrer Zeit im Praktikum, während die Zeit im Klassenzimmer dazu genutzt wird, die Erfahrungen zu begleiten und zu unterstützen. Studierende arbeiten an konkreten, »realen« Projekten, und holen sich an der Universität gezielt das Wissen, das sie für eine erfolgreiche Umsetzung ihrer Ideen brauchen. Menschen gehen ihrem Arbeitsalltag nach und lernen immer dann etwas Neues hinzu, wenn sie es konkret benötigen.

Praxisorientiertes Lernen muss flexibel und individuell sein

Dieser praxiszentrierte Ansatz überprüft Wissen direkt auf seine Anwendungsfähigkeit. Auf ein bestimmtes Grundlagenwissen kann dennoch nicht verzichtet werden. Für die Bildungseinrichtungen bedeutet dies Dreierlei: 1. Sie müssen festlegen, welches Basiswissen sie unabhängig vom konkreten Bedarf in der Praxis vermitteln möchten; 2. Die Lernangebote müssen flexibel und dem aktuellen Bedarf schnell anpassbar sein; 3. Es wird ein System benötigt, das individuelles Lernen erlaubt, da die Lernenden sich an verschiedenen Entwicklungspunkten mit unterschiedlichem Bedarf befinden und sich dennoch als Lerngemeinschaft erleben müssen. Helfen können dabei Portfolios, Lerntagebücher, Biografiearbeit, das gegenseitige Präsentieren des Erlernten sowie gemeinsame kreative Module. Zudem sollte das Arbeiten von mindestens zwei Erwachsenen begleitet werden: einem Coach an der Schule und einem in der Arbeitswelt. Beide sollten stets im engen Austausch miteinander stehen.

Insbesondere im sich schnell verändernden technologischen Bereich wird die Kopplung von Lernen und Arbeiten im Alltag immer wichtiger. Auf diese Weise gehen mittlerweile viele wichtige Neuerungen und Erfindungen von den Universitäten aus, zum Teil sogar schon von den Schulen. Schüler und Studenten gründen nicht selten ihre eigenen Unternehmen oder beginnen mit Produktionen, die sie dann nach ihrer Ausbildung fortsetzen. Das neue Motto lautet: Ich lerne, indem ich arbeite, und ich arbeite, indem ich lerne.

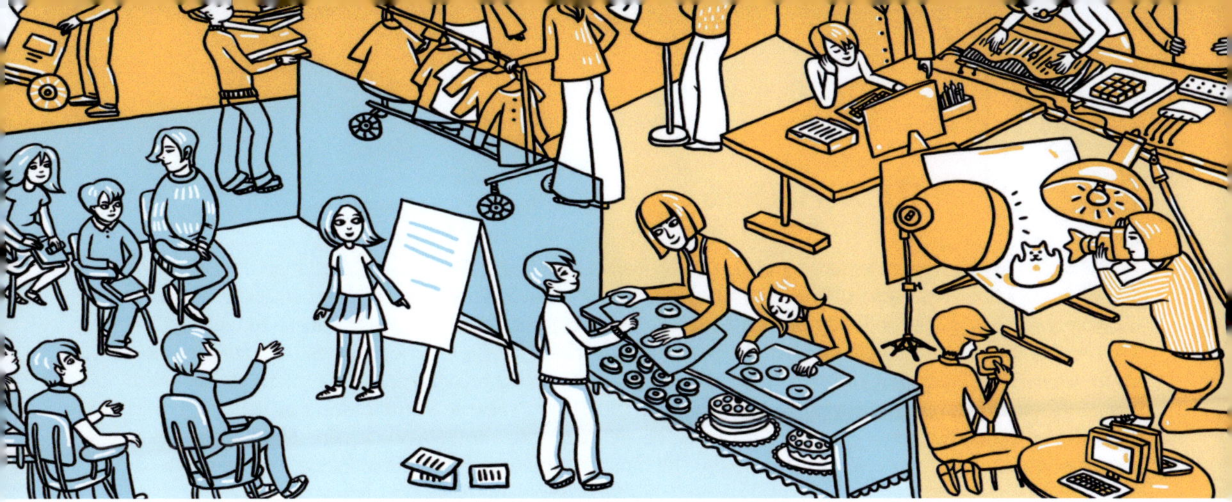

Cases

Escape the City
(S. S. 60)

Big Picture Learning
(S. S. 52)

Young Africa
(S. S. 63)

Studio Schools
(S. S. 72)

Kaos Pilots
(S. S. 82)

Rapid Learning Institute
(S. S. 80)

Udacity Nanodegrees
(S. S. 85)

FREIRÄUME

Es gibt so viel Spannendes zu lernen, das im Schulalltag keinen Platz findet. Doch wann soll ich mich dem widmen? Neben der Schule, den Freizeitverpflichtungen, der Arbeit, dem Studium und der Familie bleiben bereits ab sehr frühen Jahren nur sehr wenig Zeit, Motivation und Kraft, um sich mit den eigenen Leidenschaften und Interessen zu befassen. Die Lernorte (Schule, Hochschule, Weiterbildung) haben vordefinierte Inhalte, welche meist die gesamte Lernzeit in Anspruch nehmen. Höchstens im Rahmen von Referaten, wissenschaftlichen Arbeiten oder Projekten kann ich mich mit den Themen beschäftigen, die ich wirklich spannend finde. Und zu Hause, für mich alleine, hindern mich meist Zeitknappheit oder mangelndes Durchhaltevermögen daran, mich diesen Dingen zu widmen. Mittlerweile gibt es jedoch einen Trend, auch innerhalb der klassischen Lernumgebungen Zeit und Raum für individuelle Interessen zu öffnen, und zwar vom Kindergarten bis in die Erwachsenenbildung. So nehmen viele Kindergärten wieder Abstand von der Frühförderung in verschiedenen Fächern und geben dem freien Spiel mehr Zeit, da sich dadurch die sozialen und körperlichen Kompetenzen der Kinder nachweislich am besten entwickeln. Und viele Schulen folgen der Idee, dass Lernen nur dann intensiv sein kann, wenn es der intrinsischen Motivation des Lernenden entspringt, d.h. in großen Teilen den eigenen Anliegen folgt. Manche Schulen öffnen dafür jede Woche bestimmte Zeiträume, die dem freien Lernen vorbehalten sind. Studiengänge integrieren individuelle Projekte in das Lehrprogramm. Und auch Lerngemeinschaften ohne vorgegebene Inhalte nehmen zu.

Freies Lernen bedeutet auch Verantwortung für sich selbst

Solche freien Räume können dazu führen, dass Lernende mehr Lust am Lernen entwickeln, weil sie ein selbstgestecktes Ziel verfolgen können. Das ermöglicht auch die Einsicht in die Sinnhaftigkeit des Lernens. Natürlich gehört dazu auch, Verantwortung für den eigenen Lernweg zu übernehmen – für viele ein Auftakt zur Selbstbestimmung. Zudem ermöglichen Freiräume des Lernens, ein eigenes, einzigartiges Portfolio an Kompetenzen zu entwickeln, welches später bei der Arbeitssuche helfen kann. Aufgrund der Vielfalt von verfügbaren Inhalten, aber auch aufgrund des Bedarfs an Arbeitskräften, die individuelle Fähigkeiten, spezielle Kenntnisse und besondere Leidenschaften mitbringen, benötigen wir außerhalb unserer Freizeit zunehmend Räume, in denen wir uns diesen widmen können. Diese Herangehensweise funktioniert dann, wenn sie eine klare Struktur hat und gut begleitet und geleitet wird.

Natürlich kann diese Offenheit auch zu Beliebigkeit oder mangelnder Lernaktivität führen. Die Erfahrungen in offenen Lernkontexten zeigen, dass es einiger Zeit bedarf, bis der Schritt aus den extrinsisch motivierten Kontexten (also das Lernen für Prüfungen und Noten) in den intrinsischen Kontext gelingt. Die Akzeptanz auch des Scheiterns als wichtigen Teil des Lernweges kann hier ein Schlüssel sein. Das Einlassen auf mich und mein Handeln ist oftmals nicht von einem Moment auf den anderen möglich. Die Begleitung durch einen Coach ist daher besonders beim freien Lernen von großer Wichtigkeit, denn er oder sie kann das Finden der eigenen Leidenschaften sowie das Durchhalten unterstützen und dem freien Lernen eine Struktur geben.

Cases

 Folkehøjskole
(S. S. 55)

 My World Curriculum
(S. S. 67)

 Fab Labs
(S. S. 45)

 Kaos Pilots
(S. S. 82)

 Fuji Kindergarten Tokyo
(S. S. 44)

GAMIFICATION

Spielen macht Spaß. Lernen ist langweilig. Aber muss das so sein? Und könnte man nicht beides, das Spielen und das Lernen, miteinander verbinden? Immer mehr Bildungseinrichtungen versuchen sich an genau diesem Ansatz. Und das mittlerweile nicht nur mit kleinen Lernspielen, sondern mit komplexen Spielanordnungen, deren Ergebnis oft keineswegs vorprogrammiert ist. Häufig gibt es dann auch kein Richtig oder Falsch mehr, sondern nur das Ausprobieren von immer neuen Strategien.

Dabei geht es nicht nur um Online-Spiele. Auch Brettspiele regen die Interaktivität und die Diskussion an. Es gibt sogar Schulen, die komplett auf den Strukturen von Spielen (auch Rollenspielen) aufgebaut sind. Spiele-Entwickler und Lehrer arbeiten hier gemeinsam daran, immer wieder neue Herausforderungen für die Schüler zu kreieren.

Spielerisch an realen Lösungen arbeiten

In Spielen verschwimmt manchmal auch die Grenze zwischen virtueller und realer Welt. In Alternative-Reality-Spielen werden beispielsweise die Regeln der Welt, in der wir leben, ein wenig verändert, und dann müssen Lösungen in der echten Welt entwickelt und umgesetzt werden. So können spielerisch Lösungsansätze für Probleme der realen Welt entwickelt und getestet werden.

Auch der Wettbewerbsgedanke kann spielerisch Einzug in das Lernen finden, zum Beispiel indem sich Schüler gegenseitig Herausforderungen stellen. Besonders verbreitet ist die Nutzung von spielerischen Elementen in den Naturwissenschaften. Gerade sie haben lange Zeit den Ruf gehabt, kompliziert und langweilig zu sein. Über den Weg des Spiels wird ein Zugang geschaffen, der mit diesen Vorurteilen aufräumt und Barrieren abbaut. Grundsätzlich eignen sich Lernspiele etwas weniger, wenn es um das Einüben klassischen Wissens geht, funktionieren hingegen dann besonders gut, wenn sie die Komplexität der Realität abbilden dürfen und dem Lernenden viel Raum für Experimente, Rätsel und Zusammenarbeit geben.

Gegner des Trends argumentieren, dass das Leben nicht nur aus Spaß bestehe und es wichtig sei, sich konzentriert und diszipliniert mit schwierigen Themen zu befassen. Doch im Bereich der Gamification löst sich gerade dieser scheinbare Gegensatz auf. Denn Spiele bedeuten nicht nur Spaß, sondern stellt die Spieler oft vor schwierige Herausforderungen. Und je komplexer das Spiel wird, desto notwendiger wird der Erwerb von hilfreichem Wissen und desto dringlicher die Kooperation mit anderen. Gamification bringt somit einen Ursprungsgedanken der Forschung wieder in den Lernprozess ein: das Lösen von Rätseln.

Cases

 Space Elevator Challenges
(S. S. 70)

 World Without Oil
(S. S. 39)

 Mobile School
(S. S. 53)

 The World Peace Game
(S. S. 37)

 Quest to Learn
(S. S. 38)

 IUCAA Science Activity Centre
(S. S. 36)

GEMEINSCHAFT ALS LERNERLEBNIS

In der Lebens- und Arbeitswelt wird von uns erwartet, dass wir im Team arbeiten, gemeinsam Probleme lösen, uns für globale Lösungen engagieren, uns selbst motivieren und organisieren, mit Konflikten und Herausforderungen umgehen, Vielfalt wertschätzen und vieles mehr. Doch lernen wir all das in unseren Bildungsstätten? Eher weniger. Vielmehr ist hier oft alles vorgegeben: nämlich wann ich was mit wem bis wann wie lerne. Doch allmählich zeichnet sich hier ein Wandel ab.

Immer mehr Bildungsangebote stellen abfragbares Wissen hinter das gemeinsame Erreichen von komplexen Lernzielen und den Erwerb von sozialen Kompetenzen. Anders als bei manchen Gruppenerfahrungen (beispielsweise bei gruppendynamischen Trainings) geht es dabei nicht um die persönliche therapeutische Erfahrung, sondern um das gemeinsame Erreichen selbstgesetzter Ziele. Die Gemeinschaft kann dabei Basis des individuellen Lernens sein, aber auch Mittel für die Umsetzung großer Vorhaben, die alleine nicht bewältigt werden können. Es geht darum, einerseits das eigene Potenzial zu entfalten, andererseits Vielfalt gewinnbringend einzusetzen.

Aber auch unabhängig vom Erreichen konkreter Ziele ist das gemeinschaftliche Arbeiten ein wichtiger Teil unseres Lernweges. Wenn gemeinsam Lösungen gefunden werden müssen und der Erfolg von einem guten Miteinander abhängt, können die Teilnehmenden gar nicht anders, als sich mit grundlegenden sozialen Kompetenzen zu befassen. Egoistische Menschen lernen dann, sich anderen zuzuwenden, und selbstlose Menschen lernen, sich auch um die eigenen Bedürfnisse zu kümmern. Schüchterne Menschen werden mit der Unterstützung anderer mutig und Vielredner ruhiger.

Lernen umfasst den ganzen Menschen

Oftmals sind diese Lernkontexte mit Naturerlebnissen, Verantwortung für Hof und Tiere oder mit Reisen verbunden, die nur durch gemeinschaftliche Planung funktionieren und bei denen die Konsequenzen von egozentrischem Verhalten direkt negative Folgen haben. Eingebettet ist das Gemeinschaftsleben immer in einen Reflexionsrahmen, um aus den konkreten Erlebnissen dauerhafte Erfahrungen werden zu lassen.

In den Lernsettings, die auf Gemeinschaft basieren, wird in der Regel auch zusammen gelebt. Es wird gemeinsam gekocht, gegessen, geputzt, mit den Launen der anderen genauso umgegangen wie mit den individuell unterschiedlichen Rhythmen, Ansprüchen und Gewohnheiten. Die Trennung zwischen Privatleben und Lernen wird zum großen Teil aufgehoben, und das Lernen wird als etwas begriffen, das den Menschen als Ganzes erfasst. Persönlichkeitsentwicklung und der praktische Erwerb von Kompetenzen gehen hier Hand in Hand. Dabei ist es die Grundidee, dass das Innere (Überzeugungen und Emotionen) mit dem Äußeren (Handlungen und Kommunikation) im Einklang stehen sollte, um ein gelungenes Leben zu führen.

Cases

 Deep Springs College
(S. S. 58)

 Kranti
(S. S. 64)

 Folkehøjskole
(S. S. 55)

 Right to dream
(S. S. 41)

 Riverside School
(S. S. 40)

LERNEN IM LEBEN

Vieles kann im Klassenraum nicht gelernt werden. Der Umgang mit Unvorhergesehenem, die Erfahrung, auch einmal auf sich selbst gestellt zu sein, die Notwendigkeit von Kooperation – all das sind Dinge, die im »echten« Leben besser erlernbar sind. Und auch der Wissenschaftsgeist entsteht nicht im Klassenzimmer, sondern in der forschenden Arbeit – manchmal im Labor, doch meistens in direktem Kontakt mit Natur und Menschen.

Irgendwann wurde das Lernen nach innen verlagert, in einen Raum, den Klassenraum oder das Auditorium. Doch mittlerweile verlässt es diesen Raum immer häufiger und findet draußen statt, in der »echten« Welt. Denn warum sollte man nicht Kunstgeschichte in der Barockkirche, Biologie im Wald und Geometrie im Architekturbüro lernen? Warum nicht forschend durch die Welt gehen, Menschen befragen, Gegebenheiten untersuchen? Auch Reisen bildet und kann auf mehr Arten als nur durch Auslandssemester oder Klassenfahrten in Curricula aufgenommen werden. Lernende gehen heute auf Wanderschaft, um andere Menschen und Arbeitsweisen kennenzulernen, reisen in Entwicklungsländer, um sich mit globalen Problemen auseinanderzusetzen, oder knüpfen Kontakte in der Nachbarschaft, um gesellschaftliche Fragestellungen an konkreten Beispielen zu erleben.

Diese Art des Lernens hat viele positive Folgen für die Lernenden. So steigert sie die Lust, Motivation und Einsicht in die Sinnhaftigkeit des Lernens, und gleichzeitig ermöglicht sie das Erlernen wichtiger sozialer Kompetenzen wie Toleranz, Verständnis oder Hilfsbereitschaft. Zudem sind die Reisen und Arbeitserlebnisse oft Gelegenheiten, um Kontakte zu knüpfen, die ein ganzes Leben lang beibehalten werden.

Die Grenzen zwischen Klassenraum und Außenwelt werden durchlässig

Der Klassenraum bleibt bestehen, als Ort der Vor- und Nachbereitung, der Reflexion, der Präsentation und des Lernens voneinander. Aber die Grenze zwischen Klassenraum und Außenwelt wird durchlässig, der Lernprozess führt hinein und hinaus und verbindet die reale Erfahrung mit der Theorie und der Reflexion.

Grundlage dieses Trends ist Vertrauen: Vertrauen in die Lernenden, dass sie tatsächlich lernen, wenn sie sich in der Außenwelt befinden. Vertrauen in die Lehrenden, dass sie in der Vor- und Nachbereitung die Lernenden im Blick haben und dafür sorgen, dass sie ihre Ziele verfolgen. Vertrauen in die Welt, dass es den Lernenden dort gut gehen wird. Vertrauen in den Lernprozess, dass jede Erfahrung Lernen bedeutet und dass es viel mehr zu lernen gibt als die Inhalte des Lehrplans.

Cases

 Schulfach Herausforderung *(S. S. 61)*

 Kaos Pilots *(S. S. 82)*

 World Without Oil *(S. S. 39)*

 W@lzschule *(S. S. 51)*

 Cornell College *(S. S. 56)*

 Big Picture Learning *(S. S. 52)*

 Henry Ford Learning Institute *(S. S. 81)*

 Paths to Maths *(S. S. 54)*

 Riverside School *(S. S. 40)*

LERNEN ZU SEIN

Warum sagen Noten so wenig über den anschließenden Erfolg aus? Weil Noten nur sehr wenige Kompetenzen widerspiegeln: das Verstehen eines vorgegebenen Systems, das Verstehen des Lehrers und seiner Bewertungskriterien oder die Fähigkeit, Dinge ins Kurzzeitgedächtnis zu bringen. Selbstverständlich stehen gute Noten auch für Intelligenz, sind aber kein Garant für ein erfolgreiches Leben – denn das hängt vorrangig von der Persönlichkeit und Haltung ab. Wie konnte also die Kernkompetenz des Menschen, das »Sein«, aus den meisten Lehrplänen fallen bzw. sich als Hoffnung auf eine indirekte Entwicklung dahinter verstecken?

Sein bedeutet, Verantwortung für das eigene Leben zu übernehmen. Sein bedeutet, sich selbst zu kennen, zu spüren, zu entdecken, zu entwickeln. Sein bedeutet, im Einklang mit sich selbst, der Umwelt und den Menschen zu leben. Sein bedeutet, mit seinen Emotionen umgehen zu können. Sein bedeutet auch, sich mit dem Sein selbst und dem Sinn zu befassen. Und dass all dies wichtig für ein gelungenes Leben ist, erkennen auch immer mehr Bildungseinrichtungen.

Empathie und Glück als Schulfächer

Immer öfter halten daher Fächer wie Empathie, Intuition oder Glück Einzug in die Stundenpläne. Es werden Möglichkeiten angeboten, sich selbst in verschiedenen Kontexten auszuprobieren, und es wird immer mehr Wert auf die Reflexionskompetenz gelegt. Die Lernenden wissen, dass ihre Persönlichkeit und emotionalen Kompetenzen eine ebenso große Rolle spielen wie das Wissen, das sie sich aneignen, und dass Persönlichkeitsentwicklung ein explizites Lernziel ist. Individuelles Coaching und Biografiearbeit dienen dabei als wichtige Begleitung.

Eine solche Entwicklung benötigt Raum und Zeit sowie das Ausprobieren, Reflektieren und Kommunizieren. Viele Bildungsstätten eröffnen daher neben dem Raum zur fachlichen Auseinandersetzung auch den Raum zur persönlichen Entwicklung, zur Auseinandersetzung mit mir und dem Sinn des Menschseins. Dazu gehört auch die Einsicht, dass Lernen immer einen Dreiklang bilden sollte aus der Verbindung von Kopf (kognitive Fähigkeiten), Hand (Handeln, Handwerk, Geschick) und Herz (Sein, Emotionen).

Cases

 Green School
(S. S. 57)

 Young Africa
(S. S. 63)

 Schulfach Herausforderung
(S. S. 61)

 Right to dream
(S. S. 41)

 Folkehøjskole
(S. S. 55)

 Kranti
(S. S. 64)

 Roots of Empathy
(S. S. 73)

 Egalia
(S. S. 74)

LERNPFADE ONLINE

Jedes Lernthema ist inzwischen mit Texten und Videos hundertfach im Internet repräsentiert. Doch nun geht es um die Frage, wie wir mit diesen Daten umgehen und wie wir das Internet nutzen können, um Lernprozesse zu verbessern. Eine Zeit lang stand bei der Nutzung von Online-Inhalten in der Schule die Idee des sogenannten »Flipped Classrooms«, des umgekehrten Klassenzimmers, im Mittelpunkt. Das hieß nichts anderes, als dass sich die Schüler zu Hause – online – die Inhalte ansehen konnten und die Zeit in der Schule für Fragen, Aufgaben, Erklärungen und ein vertieftes Verständnis genutzt wurde. Mittlerweile stehen online jedoch auch komplette Lernpfade zur Verfügung, und das Klassenzimmer wird eigentlich nur noch benötigt, damit sich die Lernenden untereinander bei schwierigen Themen unterstützen können oder damit Lehrende eine bestimmte Richtung vorgeben bzw. zusätzliche Inputs geben können. Auch an den Universitäten boten Online-Kurse lange Zeit einfach Wissen mit einer großen Bandbreite an Austauschmöglichkeiten an. Der Nachteil war, dass die freie Verfügbarkeit zu jeder Tages- und Nachtzeit nicht unbedingt strukturiertes Lernen beförderte. Heute sind die meisten Massive Open Online Courses einem bestimmten Zeitplan unterworfen und vereinen Videos, Texte, Diskussionen und Tests in vorgegebener Reihenfolge. Die Didaktik ist also im Internet angekommen. Die digitale Struktur ermöglicht bei Tests (z.B. durch multiple choice) sofortige Rückmeldungen über Richtig oder Falsch, was von großem Vorteil ist, da im Moment der Beantwortung einer Frage auch das Interesse dafür, ob die Antwort richtig ist oder nicht, am größten ist.

Individueller Lernrhythmus wird berücksichtigt

Häufig sind Online-Kurse auch eng mit der konkreten Anwendbarkeit des erlernten Wissens verknüpft. Denn durch die freie Zusammenstellbarkeit der Inhalte kann sich jeder zu jeder Zeit genau das heraussuchen, was er gerade benötigt. Für den Lernprozess scheint das von Vorteil zu sein, denn Untersuchungen haben gezeigt, dass vor allem das Wissen dauerhaft ist, das konkret angewendet wird. Zudem tragen Online-Formate der Individualität von Lernprozessen Rechnung, denn jeder Mensch hat einen eigenen Lernrhythmus und eigene Stärken und Schwächen. Bei online verfügbaren Inhalten kann der Lernende Dinge, die er schon beherrscht, überfliegen oder vorspulen, und sich andere so oft (und häufig in unterschiedlichen Variationen) ansehen, bis er sie verstanden hat.
Worin liegen jedoch die Risiken dieser Entwicklung? Bei allen Vorteilen scheinen Online-Lernformate nicht für jeden das Richtige zu sein. Manche Kinder und auch Erwachsene benötigen das konkrete Gegenüber besonders stark, um zu lernen. Das Lernen durch das Internet sollte also nie vollständig die Anwesenheit von Lehrenden ersetzen. Denn Lehrer oder »Coachs« können das, was Online-Kurse nicht können: Den Lernenden ermutigen, immer wieder Aufmerksamkeit einfordern, spezielle Schwierigkeiten berücksichtigen, die Erfahrung von Gemeinschaft bieten und auch Dinge wie Lachen, Enttäuschung und Wut, die zu jedem Lernprozess dazugehören, in das Lernen integrieren. Eine optimale Lernumgebung benötigt beides, den Austausch in der Gemeinschaft und die Möglichkeit des individuellen Lernens, das durch Online-Formate unterstützt werden kann.

Cases

 Khan Academy
(S. S. 83)

 Coursera
(S. S. 78)

 Bildungsagenten
(S. S. 50)

 Paths to Maths
(S. S. 54)

 University of the people
(S. S. 49)

SELBSTORGANISIERTES LERNEN

Stellen wir uns aus der Sicht von Erwachsenen einmal folgende Situation vor: Wir kommen morgens zur Arbeit, gehen in einen Raum mit ganz vielen Menschen, die zufällig genauso alt sind wie wir, erledigen unter Aufsicht den ganzen Tag lang dieselben Aufgaben wie sie und gehen dann wieder nach Hause. Wieviel länger würde die Arbeit dann dauern, weil wir in der Anpassung an den Rhythmus der anderen ständig zwischen Unter- und Überforderung schwanken? Wie wenig würden wir schaffen, und wie unzufrieden wären wir? Und genauso ergeht es den meisten Lernenden. Was können wir also tun, um statt Gleichmacherei Möglichkeiten zu schaffen, in denen ich in meinem Rhythmus und meinem Stil meine Lernthemen bearbeite?

Immer mehr Schulen, Hochschulen und Weiterbildungsangebote bauen auf selbstorganisiertes Lernen. Im Wesentlichen bedeutet das, dass ich konkrete Aufgaben zu konkreten Themen bearbeiten muss, dies aber in meinem Rhythmus tun kann. Auch wenn dadurch der Lernweg sehr individuell wird, findet der Lernprozess jedoch gemeinsam mit anderen statt – in gegenseitiger Unterstützung mit Beratung und Begleitung durch Lehrende.

Jeder Mensch hat seinen eigenen Lernstil

Selbstorganisiertes Lernen gibt es in verschiedenen Abstufungen und Formaten, die ich als Lernender auswählen kann. Manchmal handelt es sich um festgelegte Aufgaben in einer bestimmten Abfolge. Ich habe dann »nur« die Wahl, in welchem Rhythmus ich sie bearbeite. In anderen Kontexten habe ich auch die Wahl, an welchem Thema ich arbeite. Häufig, vor allem an Schulen, lautet die Vorgabe, dass alle Aufgaben am Ende eines bestimmten Zeitraumes bearbeitet worden sein müssen, doch wann die Schüler woran arbeiten, können sie selbst entscheiden. In anderen Kontexten wählen Gruppen auch ihre eigenen Themen aus.

Oft stehen auch verschiedene Aufgabentypen zur Verfügung, um den individuell unterschiedlichen Lernstilen entgegenzukommen. So lernen manche lieber alleine, andere in der Gruppe, einige praktisch, andere theoretisch. Manchmal genügt auch die Einrichtung eines Lernraumes, an denen Geräte oder Aufgaben zum Lernen einladen, um die Selbstorganisation in Gang zu bringen.

Die Meinungen zu diesem schnell um sich greifenden Trend sind gespalten. Machen Kinder dann nicht nur, was sie wollen, und haben am Ende nicht genug für den Abschluss gelernt? Werden die Kinder nicht überfordert, wird von ihnen zu früh eine Arbeitskultur erwartet, die sie noch gar nicht haben können? Aus diesen Gründen muss selbstorganisiertes Lernen immer begleitet und auch dokumentiert werden. Es gilt, einerseits Transparenz und Reflexion über den eigenen Lernprozess herzustellen, vor allem aber auch einen Ansprechpartner zu haben, der auf dem Weg Unterstützung gibt. Für die heutigen Erwachsenen erscheint diese Art des Lernens möglicherweise fremd und ungewöhnlich, für Kinder ist sie jedoch ganz natürlich. Diese Kompetenz des fast intuitiven Zugangs zum Lernen gilt es, auch für Jugendliche und Erwachsene wieder zugänglich zu machen.

Cases

 School in the Cloud
(S. S. 68)

 Quest to Learn
(S. S. 38)

 Studio Schools
(S. S. 72)

 Escape the City
(S. S. 60)

 My World Curriculum
(S. S. 67)

 St. Silas Primary School
(S. S. 46)

 Deep Springs College
(S. S. 58)

 Fab Labs
(S. S. 45)

 School of One
(S. S. 76)

 Big Picture Learning
(S. S. 52)

 Fuji Kindergarten Tokyo
(S. S. 44)

CASES

children's science center

IUCAA'S CHILDREN'S SCIENCE CENTRE

Pune | Indien

www.iucaa.ernet.in/~scipop/Pulastya/index.html
www.youtube.com/watch?v=ca8LcDgTf6E

Naturgesetze nicht anhand von Bücher lehren, sondern anhand der Betrachtung der Natur selbst – das ist das Ziel des Children's Science Centre in Pune, Indien. Schulklassen können an diese Einrichtung des Inter-University Centre for Astronomy and Astrophysics (IUCAA) kommen und Naturwissenschaften am praktischen Beispiel lernen - nicht in der Theorie und auf der Schulbank, sondern indem sich die Kinder staunend dem Wunder der Naturwissenschaften selbst öffnen. Der reine Blick auf die Natur genügt natürlich nicht, um zu verstehen, warum Dinge geschehen. Aber auch das Nachvollziehen der Naturgesetze geschieht hier spielerisch. Und weil viele Kinder in der Umgebung aus armen Familien kommen, werden dafür häufig einfachste Materialien benutzt. So genügt ein kleines Papier, um viele Gesetze der Geometrie zu erleben. Ebenso können Dinge, die schon weggeworfen wurden, benutzt werden, um daraus Spielzeug herzustellen. Für letzteres stellt Arvin Gupta, ein indischer Wissenschaftler und Erfinder von Spielzeugen, der viele Workshops am Centre leitet, Anleitungen im Internet bereit: http://www.arvindguptatoys.com/toys.html. Und eine Demonstration einiger Spielzeuge gibt er hier: http://www.ted.com/talks/arvind_gupta_turning_trash_into_toys_for_learning.

Dieses Case findet sich in folgenden Trends:

Gamification
(S. S. 24)

THE WORLD PEACE GAME

Charlottesville | USA

www.worldpeacegame.org/world-peacegame-foundation/about-the-game
www.youtube.com/watch?t=73&v=LqJnk-jYWRM

Weltpolitik als Brettspiel erfahrbar machen – was unglaublich klingt, ist John Hunter, dem Erfinder des World Peace Games, gelungen. In den 70er Jahren hatte der Lehrer das Spiel entworfen, um seinen Schülern zu zeigen, wie komplex Politik ist und schwierig es sein kann, Frieden zu erhalten. Jedem Kind wird bei dem Spiel ein Land zugeordnet, und zunächst geht es nur darum, die Interessen des eigenen Landes zu verteidigen. Doch im Verlauf des Spiels merken die Kinder, dass dies nicht möglich ist, ohne Kompromisse einzugehen und mit anderen zusammenzuarbeiten. Je nach Altersgruppe und Erfahrung kann das Spiel komplexer gestaltet werden, und die Teilnehmer lernen, wie Wirtschaft, Soziales und Umwelt zusammenhängen und wie leicht ein friedliches Miteinander verlorengehen kann. Schließlich können noch weitere Faktoren wie Unwetter oder Aufstände durch Rebellen in das Spiel integriert werden. Wirklich lösbar ist das Spiel nicht. Die Kinder lernen hingegen, dass nicht alles zu kontrollieren ist und dass auch Gewalt eine Realität sein kann, der man sich stellen muss. Seit seiner Erfindung hat Hunter das Brettspiel zusammen mit seinen Schülern immer weiter entwickelt. Es gibt auch Überlegungen, eine Online-Version zu erstellen. Mittlerweile hat das World Peace Game eine Community, die mehrere Generationen umfasst. Viele ehemalige Schüler engagieren sich mittlerweile auch in der Realität für die Erhaltung des Friedens.

Dieses Case findet sich in folgenden Trends:

 Change Making
(S. S. 18)

 Gamification
(S. S.24)

QUEST TO LEARN

New York, USA

www.q2l.org/
www.youtube.com/watch?v=BYHnPwY88w8

Eine Schule, die komplett auf den Prinzipien von Spieledesign aufgebaut ist – so etwas existiert tatsächlich, nämlich in New York. Die staatliche Schule Quest to Learn (Q2L) hat dieses spielebasierte Lernprinzip entwickelt. Schüler*innen an der Q2L Schule, die in enger Kooperation mit dem Institute of Play arbeitet, forschen täglich gemeinsam an der Lösung hochkomplexer und spielerischer Aufgabenstellungen. Dabei lernen sie den im Lehrplan vorgegeben inhaltlichen Stoff und setzen sich gleichzeitig mit kreativen und sich stetig verändernden Formaten auseinander. Wichtig ist den Verantwortlichen dabei die kontinuierliche Weiterentwicklung der Herausforderungen, an der Lehrer, Kommunikationsexperten und Spielentwickler gemeinsam arbeiten. Die Lernstruktur greift dabei drei Themen auf: das Lernen miteinander und voneinander unter Zuhilfenahme von Technologie, die sich verändernde Rolle von Lehrenden hin zu Vermittlern zwischen Schule und Außenwelt und die Datenfülle in Spielen, die den Spielern kontinuierlich Rückmeldungen über ihren Lernbedarf gibt. Konsequenterweise verzichtet die Schule auch auf Leistungsbewertungen im Anschluss an den Lernprozess und integriert diese stattdessen direkt in die Spiele.

Dieses Case findet sich in folgenden Trends:

 Gamification
(S. S. 24)

 Big Data für Bildung
(S. S. 14)

 Selbstorganisiertes
Lernen
(S. S. 32)

WORLD WITHOUT OIL

San Francisco, USA

www.worldwithoutoil.org/metaabout.htm
www.youtube.com/watch?v=M-hzUGFD-Gc

Das Spiel »Eine Welt ohne Öl« ist eine Simulation der globalen Ölkrise und ihrer Auswirkungen auf Menschen und Regionen. Dahinter steht die Grundidee, dass wir Zukunft besser gestalten können, wenn wir Szenarien konkret durchspielen anstatt nur theoretisch darüber zu reden. Das Spiel simuliert die ersten 32 Wochen einer Welt ohne Öl. Die Menschen, die daran teilnehmen, versuchen, ein Leben ohne Öl konkret zu leben. Dafür bloggen sie überall auf der Welt über ihre Erfahrungen und reichen Geschichten, Videos, Berichterstattungen sowie Lösungen, die sie vor Ort entwickelt haben, ein. Es handelt sich somit nicht um ein reines (Online-)Spiel, da die Teilnehmenden ihr reales Leben konkret verändern, indem sie beispielsweise nicht mehr mit dem Auto zur Arbeit fahren oder nur noch lokal produzierte Nahrung zu sich nehmen. Die Spielenden suchen nach Alternativen, teilen sie miteinander und entwickeln sie weiter. Das Spiel selbst dient als Nachrichtenzentrale, die beispielsweise über Ölpreise oder Entwicklungen auf dem Markt benachrichtigt. Viele Teilnehmer berichten bereits, dass sie ihr Verhalten nachhaltig geändert haben. Die Programmierung des Spiels ist so einfach, dass Teilnahme auch per E-Mail oder Telefon möglich ist. Jeder kann daran teilnehmen, und für die Integration des Spiels in den Unterricht wird Material für Lehrende zur Verfügung gestellt.

Dieses Case findet sich in folgenden Trends:

 Gamification
(S. S. 24)

 Lernen im Leben
(S. S. 28)

RIVERSIDE SCHOOL

Ahmedabad, Indien

www.schoolriverside.com
www.youtube.com/watch?v=7Y2sj_G4Njg

»I can« ist der zentrale Gedanke der Riverside School in Indien, in der Kinder verschiedener Altersstufen selbständig Lösungen für gesellschaftliche Probleme suchen. Um sich mit einem Problem auseinanderzusetzen, durchlaufen sie jeweils eine vierstufigen Prozess: Feel/Fühlen (also einen inneren Bezug herstellen); Imagine/Vorstellen (Ideen entwickeln, wie es anders sein könnte); Do/Machen (konkrete Veränderung hervorbringen) und Share/Teilen (andere inspirieren, mitzumachen). Ein Beispiel: Bevor die Kinder sich mit möglichen Lösungen und Ansätzen zum Thema Kinderarbeit befassten, drehten sie acht Stunden lang Räucherkerzen, um ein emotionales Verständnis für das Thema aufzubauen. Das »I can«-Prinzip geht davon aus, dass Kinder einen großen Beitrag bei der Lösung gesellschaftlicher Probleme leisten können. Es geht also nicht nur darum, die Schüler auf eine zukünftige Verantwortung in der Welt vorzubereiten, sondern darum, ihnen den Raum zu geben, auch heute schon die Welt zu verändern. Auch in der Schulgemeinschaft übernehmen die Kinder Verantwortung, beispielsweise dadurch, dass sie ihre eigenen Eltern unterrichten. Sehr viel Wert wird in der Schule auch auf das Thema (Selbst-)Reflexion gelegt. Aus der Schule heraus hat sich Design for Change entwickelt, das den »I can«-Gedanken an andere Schulen trägt. So haben bereits 32.000 Schulen aus ganz Indien eine Woche lang ihre Kinder für eine Woche freigestellt, um an einem Problem / einer Idee in ihrer Umgebung zu arbeiten. Zudem betreibt die Schule das Riverside Learning Center, in dem Lehrende aus vielen Schulen daran arbeiten, mit gesundem Menschenverstand gesunde Lernumgebungen zu schaffen.

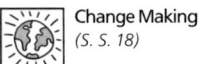
Change Making
(S. S. 18)

Gemeinschaft als Lernerlebnis
(S. S. 26)

Lernen im Leben
(S. S. 28)

RIGHT TO DREAM

Takoradi, Ghana

www.righttodream.com/map-location/right-to-dream-africa/
www.youtube.com/watch?time_continue=318&v=VMlCBm3hQ4c

Vorbilder inspirieren und bringen wieder neue Vorbilder hervor – das ist die Grundidee von »Right to Dream«. Talente aus ganz Afrika erhalten die Möglichkeit, an dieser Schule eine besondere Ausbildung zu erfahren, und geben dafür ihr Wissen und ihre Erfahrungen an andere Schüler weiter. Rund 80 Schüler*innen leben in der Akademie zusammen und unterstützen sich gegenseitig bei der Entwicklung zu exzellenten Sportler*innen oder Wissenschaftler*innen; vor allem aber entwickeln sie ihr Talent im Bereich »Leadership« und der Inspiration von Folgegenerationen. Das Programm ist rund um sieben Prinzipien aufgebaut: Selbstdisziplin, Leidenschaft, Integrität, Initiative, soziale Intelligenz, Zurückgeben, Gewinnen. Soziale Projekte, Reisen und das Erlernen von Selbstversorgung gehören zum Stundenplan. Dabei steht im Mittelpunkt immer die Überzeugung, dass der Charakter zentral für den Erfolg ist. Die Verantwortlichen erklären: »We define success as being the best you can be, through a daily pursuit of excellence, for a communal good. Character development is the key to achieving this.« »Right to Dream« ist aus einer kleinen Fußballmannschaft heraus gewachsen und hat noch immer eine große Verbindung zum Fußball. Viele der Absolventen von »Right to Dream« spielen heute in Nationalmannschaften weltweit.

 Lernen zu sein
(S. S. 30)

 Gemeinschaft als Lernerlebnis
(S. S. 26)

WE LOVE READING

Jordanien

www.welovereading.org
www.youtube.com/watch?v=HUy-AQDq6FA

Kindern vorzulesen – was für uns selbstverständlich erscheint, ist in der arabischen Welt eher unüblich. Da man aber auch hier immer mehr erkennt, dass die Freude am Lesen gefördert wird, wenn man den Kindern vorliest, und dass Lesen wiederum Empathie und Intelligenz schult, hat die Jordanische Initiative »We love reading« ein einfaches Modell entwickelt: Menschen werden in Vorlesekompetenz ausgebildet, damit sie dann in ihrer Region kleine Vorlesezentren betreiben können – in Bibliotheken, Moscheen, teilweise auch bei sich zuhause.

Die Ergebnisse dieses einfachen Ansatzes sind so spektakulär, dass sich das Programm in Windeseile durch den arabischen Raum verbreitet hat. Durch diesen Erfolg ist »We love Reading« jetzt sogar in der Lage, eigene Vorlesebücher zu erstellen sowie eine Auswahl internationaler Kinderbücher ins Arabische zu übersetzen. Dabei entwickeln die Vorlesenden selbst oft ihre Leadership-Qualitäten, und viele von ihnen haben bereits ihr eigenes Social Enterprise gegründet. Durch den sehr einfachen, kostengünstigen Ansatz ist die Vervielfältigung des Prinzips einfach, und so konnten beispielsweise sogar in Flüchtlingslagern, in denen es noch keine Schulen gibt, Vorleseaktivitäten nach dem Vorbild von »We love reading« gegründet werden.

Bildung für alle
(S. S. 16)

THE INTERNATIONAL YOUTH INITIATIVE PROGRAM

Järna, Schweden

www.yip.se/
www.youtube.com/watch?v=0mmQvv6JirA

Die Verantwortlichen des Youth Initiative Program (YIP) nennen ihr Konzept selbst eine »neue Art Bildung« für Menschen zwischen 18 und 28 Jahren. Das einjährige Vollzeitprogramm soll dazu beitragen, dass die jungen Menschen lernen, Initiative zu entwickeln, gemeinsame Ziele zu verfolgen und sich dabei gleichzeitig selbst besser kennenlernen. Die Macher bezeichnen sich selbst als anthroposophisch inspiriert und glauben, dass durch Gemeinschaft in Verbindung mit individuellem Wachstum die Voraussetzungen geschaffen sind, um aus Ideen Wirklichkeit entstehen zu lassen. Hierzu leben die Teilnehmer ein Jahr zusammen und werden durch Mentoren begleitet. Jede Woche hat eine thematische Überschrift (beispielsweise »Spielen, um die Welt zu verändern« oder »Von der Komplexitätstheorie zur Ernährungsrevolution«), zu der Workshops stattfinden. Ein Monat ist einem Praktikum im Ausland in einer sozial und ökologisch nachhaltigen Organisation gewidmet. Zudem veranstalten die Teilnehmenden das jährliche »Initiative Forum«, eine Konferenz für Visionäre. Neben den Vorbereitungen für Praktikum und Forum sowie den Workshops arbeiten die Teilnehmenden an ihren eigenen, individuellen Projekten, in denen sie lernen, sich als Social Entrepreneur zu betätigen. Allerdings geht es den Verantwortlichen von YIP weniger darum, am Ende der Ausbildungszeit ein erfolgreiches Projekt vorzuweisen, sondern mehr darum, die Teilnehmer auf ihrem Weg zu verantwortungsvollen und sich ihrer selbst bewussten Menschen begleitet zu haben.

 **Gemeinschaft als Lernerlebnis** *(S. S. 26)*

 **Lernen zu sein** *(S. S. 30)*

 **Freiräume** *(S. S. 22)*

FUJI KINDERGARTEN TOKYO

Tokio, Japan

www.fujikids.jp/home/
www.youtube.com/watch?v=J5jwEyDaR-0

Die erste Besonderheit, die dem Betrachter beim Anblick des Fuji Kindergartens auffällt, ist seine architektonische Struktur: Er ist kreisförmig angelegt, es gibt ein Dach sowie einen Innenhof, wo die Kinder spielen können, und Wände und Zäune fehlen komplett. Es gibt somit keine Trennung zwischen Innen und Außen oder zwischen den Räumen. Dadurch kann kein Kind ausgeschlossen werden, aber die Kinder können jederzeit gehen und wiederkommen. Der Ansatz dieses besonderen Kindergartens ist der Grundgedanke, dass Kinder nicht so empfindlich sind, wie wir denken. Trotz der Offenheit und des ständigen Lärms sind die Kinder erstaunlich konzentriert, und wenn ein Thema oder ein Objekt einmal ihr Interesse geweckt hat, lassen sie sich davon nicht so leicht abbringen. Natur und Bewegung sind wichtige Bestandteile des Kindergartens. Aus dem unteren Bereich wachsen Bäume durch das Dach, die von den Kindern ständig in ihr Spiel integriert werden. Auch gibt es überall Wasserstationen, mit denen die Kinder spielen können. Auf dem kreisförmigen Dach rennen sie durchschnittlich vier Kilometer am Tag. Die Initiatoren gehen zudem davon aus, dass Kinder kein spezielles Spielzeug brauchen, das nur ihre Fantasie einschränken würde. Stattdessen benutzen sie das Gebäude selbst, Kisten, die herumstehen, das Wasser und die Bäume.

 Selbstorganisiertes Lernen *(S. S. 32)*

 Freiräume *(S. S. 22)*

FAB LABS

MIT, Cambridge, USA

www.fabfoundation.org/fab-labs
www.youtube.com/watch?v=yeOFtGlnc-8

Fab Labs sind offene Entwicklungswerkstätten, an denen jeder Interessierte Zugang zu modernen Produktionstechnologien hat. Wer also etwas entwerfen oder produzieren möchte, erhält hier nicht nur Wissen, sondern auch den Zugang zu High-Tech Werkzeugen wie 3D-Druckern, Lasercuttern oder CAD Software sowie zu allen möglichen Arten von Handwerkszeug. Wichtig sind solche offenen Werkstätten zum Beispiel dort, so der Zugang zu Technologie sonst aus regionalen, finanziellen oder anderen Gründen schwierig ist. So können Lab Labs in Entwicklungs- und Schwellenländern dazu beitragen, lokale Probleme zu lösen. Aber auch in den Industrienationen erfüllen sie eine wichtige Aufgabe, denn hier werden neben der Schule Orte benötigt, in denen angewandte Wissenschaft möglich ist. Fab Labs können so zu spielerischen Orten von Innovationen werden, die technische Lösungen für globale Probleme entwickeln. Wer selbst ein Fab Lab führen will, kann dies an der Fab Academy erlernen. Zusätzlich unterstützt die Zentrale bei der Gründung von Fab Labs nach einigen Richtlinien, z.B. dem offenen Zugang für alle, einer verlässlichen technischen Grundausstattung und der Teilhabe am internationalen Netzwerk. Überall auf der Welt entstehen mittlerweile solche Fab Labs, die alle Teil des internationalen Netzwerks sind.

 Selbstorganisiertes
Lernen
(S. S. 32)

ST. SILAS PRIMARY SCHOOL

Blackburn, UK

www.thelifecloud.net/schools/StSilasCEPrimary/
www.youtube.com/watch?v=5Y32NgrbPuI

Sich mit verschiedenen Themenkomplexem umfassend auseinandersetzen und dabei den eigenen Lernmodus selbständig bestimmen – das ist die Grundidee der St. Silas School im Nordwesten Englands. Die Schüler lernen hier, Verantwortung für ihr eigenes Lernen zu übernehmen. Stundenpläne gibt es keine, jedoch noch Jahrgänge mit klaren Curricula. Diese werden von den Lehrenden in »Challenges«, Herausforderungen, übersetzt, und die Schüler*innen übernehmen die Verantwortung dafür, diese Challenges alleine oder in Gruppen zu lösen. Das Curriculum jeder Klasse beinhaltet Themen wie Märchen, Gesundheit, Winter, Piraten, Lebenskreisläufe und ähnliches. In der gesamten Schule gibt es keine geschlossenen Klassenräume, sondern nur große offene Räume mit sogenannten »Areas«, die jeweils einer Challenge gewidmet sind. Alle Materialien zu den Aufgaben sind jederzeit frei verfügbar, und die Kinder können frei entscheiden, woran sie gerade arbeiten wollen. So werden sie nicht nach 45 Minuten aus einer Arbeit gerissen, mit der sie vielleicht gerade Fortschritte machen. Die Verantwortlichen dieses Bildungsprinzips nennen das »slow education« und sind davon überzeugt, dass die Kinder dadurch mehr, besser und lustvoller lernen. Je älter die Schüler*innen werden, desto komplexer, langwieriger und ergebnisoffener sind die Herausforderungen. Lehrende sind immer anwesend, aber nicht mehr nur als Wissensvermittler, sondern vor allem auch als Coach, Moderator, Erzieher oder Kritiker. Insgesamt werden Interventionen jedoch nur zurückhaltend gegeben; der größte Teil des Tages wird durch selbstständiges, gemeinsames Lernen bestritten.

Selbstorganisiertes
Lernen
(S. S. 32)

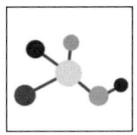

OPEN STAX

Houston, USA

cnx.org/
www.youtube.com/watch?v=RRymi-lFHpE

Lehrbücher, wie sie heute existieren, sind statisch, unflexibel, teuer und häufig veraltet – das ist die Kritik von Open Stax, einem Open Source Online Bildungssystem, das eine völlig neue Form von Lehrbüchern anbietet. Die Idee: Lehrbücher sollten ständig veränderbar sein und sich den Bedürfnissen der Anwender anpassen. Zudem sollte es einen ständigen Austausch zwischen Autoren und Lesern geben, so dass das Lehrmaterial kontinuierlich verbessert und neuen Entwicklungen angepasst werden kann. Bei Open Stax schreiben Gruppen von Expert*innen gemeinsam Lehrbücher und erhalten von einer Fach-Community Feedback. Dadurch arbeitet die gesamte stax-Community kontinuierlich an der Verbesserung der Bücher – und an Übersetzungen in so viele Sprachen wie möglich. Aber nicht nur das. Die Bücher werden online zur Verfügung gestellt und können über ein bestimmtes Programm für den eigenen Gebrauch verändert, neu kombiniert, gekürzt oder erweitert werden. Diese den jeweiligen Ansprüchen angepassten Lehrbücher können dann »on demand« ausgedruckt werden. Dadurch sind sie nicht nur kostengünstiger als klassische Lehrbücher, sondern liegen auch jeweils in der konkreten Version vor, in der sie gerade gebraucht werden und dem jeweiligen Lernniveau entsprechen.

TEACHERS PAY TEACHERS

New York, USA

www.teacherspayteachers.com/
www.youtube.com/watch?v=f9ediTKt6a8

TpT ist ein Markplatz für Lehrende. Lehrende, die ihre Lernmaterialien selbst erstellen, können diese hier anderen zur Verfügung stellen. Die Lernmaterialien sind nach Klassen, Fächern, Themen, Formaten und Preisen sortierbar. Alle Materialien werden von Käufern / Nutzern bewertet, nach Qualität insgesamt sowie nach Genauigkeit, Anwendbarkeit, Kreativität und Sorgfalt. So kann die Qualität der Lehre nicht nur bei den Interessenten verbessert werden, sondern besonders auch bei den Anbietern. TpT achtet darauf, dass nicht gesamte Unterrichtspläne käuflich sind, da dies die Kernverantwortung der Lehrenden ist. Die Plattform stellt jedoch Methoden und Materialien zur Verfügung, die in den Unterrichtsplänen einsetzbar sind. Durch eine sehr aktive Community ist das Material sehr responsiv und greift sehr schnell aktuelle Themen auf. Die Lehrenden können mit ihren Angeboten auch Geld verdienen. Die Erstellung von Lernmaterial findet bei den meisten Lehrenden in ihrer Freizeit statt, und da Lehrende in vielen Ländern unterbezahlt sind, ermöglicht TpT es ihnen, ihr Gehalt aufzubessern, ohne zusätzliche Arbeiten verrichten zu müssen. Dennoch sind auf TpT auch viele Lernmaterialien kostenfrei, da jede / jeder Lehrende, der kostenpflichtiges Material einstellt, auch kostenfreies Material zur Verfügung stellen muss.

UNIVERSITY OF THE PEOPLE

Pasadena, USA

www.uopeople.edu
www.youtube.com/watch?v=6kH-uYwt0qs

The University of People ist eine Online Universität, die jedem, der einen Schulabschluss hat und über Englischkenntnisse verfügt, offensteht. Vielen Menschen ist ein Hochschulstudium aus finanziellen oder kulturellen Gründen oder einfach, weil es nicht genügend Plätze an den Universitäten gibt, verschlossen. Doch das Team hinter der University of the People ist der Überzeugung, dass ein Hochschulstudium kein Privileg ist, sondern ein Recht, und dieses Recht wollen sie an ihrer Universität verwirklichen.

Um dies zu ermöglichen, haben die Initiatoren zahlreiche Professor*innen überzeugt, sich ohne Bezahlung für die Universität zu engagieren und dort zu lehren. Die Kosten werden somit klein gehalten und immer auf eine sehr große Anzahl von Studierenden angelegt: Es gibt keine Gebäude, das Wissen wird kostenfrei zur Verfügung gestellt, dazu gibt es klare Strukturen und viel gegenseitige Unterstützung. Alles wird schlank gehalten, damit jede Internetverbindung ausreicht und alle Ressourcen einfließen. Daher gibt es auch nur zwei Studiengänge, Business und Informatik, die voll akkreditiert sind. Beide Studiengänge werden von Querschnittskompetenzen in der Allgemeinbildung und Leadership unterstützt. Die Studierenden arbeiten in Gruppen von 20 bis 30 Personen und erhalten jede Woche einen Studienplan, der ca. 15 Stunden Arbeit erfordert. Zu einer Arbeitswoche gehören die aktive Teilhabe an Gruppendiskussionen, ein Test und eine schriftliche Arbeit. Die Studierenden können jederzeit die Unterstützung von Mitarbeiter*innen in Anspruch nehmen. Diese Arbeitswochen sind kostenfrei. Prüfungen kosten 100 USD. Für die Studierenden, die sich auch die Prüfgebühren nicht leisten können, bietet die University of the People jedoch eine große Auswahl an Stipendienmöglichkeiten an.

 Bildung für alle
(S. S. 16)

 Lernpfade online
(S. S. 12)

BILDUNGSAGENTEN

Alfter, Deutschland

www.bildungsagenten.org
www.youtube.com/watch?v=DDWxuJhKTJQ

Die Bildungsagenten, eine Initiative des Vereins Ideen , sind ca. 100 junge Menschen, die nach der Schule ein freiwilliges soziales Jahr in einem Entwicklungsland absolviert haben und nun an Schulen gehen und dort ihr Wissen und ihre Erfahrungen weitergeben. Zudem stellen sie Materialien online für die Schüler zu Verfügung. Da sie während ihres FSJ viel über andere Kulturen gelernt sowie die globalen Herausforderungen unserer Zeit live miterlebt haben, geht es ihnen hauptsächlich um Themen wie Globalisierung, Umweltschutz, Entwicklungspolitik, Welthandel, Menschenrechte oder Ernährung, aber auch um die Einstellung zum lebenslangen, selbstbestimmten Lernen. Hierbei ist ihnen bei allen Bildungsangeboten immer die Balance Kopf (Wissen), Herz (Erfahrung) und Hand (Aktionen) wichtig. Auf ihrer Online-Plattform stehen unter fünf Oberthemen eine große Anzahl an »Bildungskoffern« zur Verfügung, aufbereitete Workshop-Formate inklusive verschiedenster Materialien. Methodisch können die Inhalte verschiedenen Lernniveaus angepasst werden. Auf diese Weise können Schulen einerseits die Bildungsagenten zu sich einladen und persönlich von ihnen lernen, andererseits aber auch für eigene Projekte die zur Verfügung gestellten Methoden und Materialien nutzen.

 Lernpfade online
(S. S. 12)

 Change Making
(S. S. 18)

W@LZSCHULE

Wien, Österreich

www.walz.at

Die sogenannte Walz bezeichnet die Gesellenwanderung, also die Tradition der Gesellen, für einige Jahre in der Fremde zu arbeiten. Die w@alz-Schule ist eine private Bildungseinrichtung, die sich an dieser Gesellenwanderung orientiert. Sie unterrichtet Schüler der Klassen 9 bis 13 und schließt mit der Matura ab. Nach einer dreimonatigen naturbezogenen Tätigkeit außerhalb der Schule (»time out«) finden neben dem »normalen« Unterricht immer wieder Projekte außerhalb der Schule und auch Auslandsaufenthalte, z.B. in England, Irland oder Südafrika, statt. Die Schüler sollen dadurch auf ein Leben in der Gesellschaft vorbereitet werden, Offenheit und Selbstbestimmung lernen. Schwerpunkte des Unterrichts sind zudem Kunst und Theater. Ziel der Schule ist es, die künstliche Trennung zwischen Schule und Gesellschaft aufzuheben und durch die praktischen Erfahrungen zur Persönlichkeitsentwicklung der Schüler beizutragen.

Lernen im Leben
(S. S. 28)

BIG PICTURE LEARNING

San Diego MET, USA (u.a.)

www.bigpicture.org
www.youtube.com/watch?v=v9YPgLzvwJo

Die Schule soll auf das Leben vorbereiten – genau diesen Ansatz will Big Picture Learning, ein Lernsystem für die Oberstufe, umsetzen. Das Lernen findet hier auf der Basis von Praktika statt und soll den Schülern helfen, ihre Stärken und Interessen herauszuarbeiten, um später den richtigen Beruf zu finden. Auch computergestützte Berufstests werden mit einbezogen – bis die Schüler*innen sicher sind, was sie machen möchten. Die gesamte Schulzeit werden sie von Berufsberatern begleitet.

Mindestens zwei Tage in der Woche verbringen die Schüler in ihrem Praktikum, und ihre Erfahrungen werden dann in der Schule mit dem Ziel des »Deeper Learning« reflektiert und eingefangen. Hier müssen die Schüler auch nachweisen, dass sie ihre Lernziele engagiert verfolgen. Dazu gehören Lerntagebücher und das Verfassen ihrer eigenen Biographie. Neben dem Praktikum forschen sie an verwandten Themen, die sie dann auch den anderen Schülern vorstellen.

 Duale Bildung 3.0
(S. S. 20)

 Selbstorganisiertes Lernen
(S. S. 32)

 Lernen im Leben
(S. S. 28)

Mobile School

MOBILE SCHOOL

Leuven, Belgien

www.mobileschool.org
www.youtube.com/watch?v=jwETTH3iaS0

Die Kinder nicht in die Schule, sondern die Schule zu den Kindern bringen – das ist das Modell der Mobile School, die sich an Straßenkinder in Lateinamerika, Afrika, Asien und Europa richtet, die keine Möglichkeit haben, zur Schule zu gehen. Streetworker besuchen mit dem kleinen Wagen in der Größe eines Bollerwagens, der zu mehreren Tafeln ausgeklappt werden kann, an denen wiederum unterschiedliche Lernspiele diebstahlsicher befestigt werden können, die Kinder vor Ort. Mittlerweile sind 36 Mobile Schools in 21 Ländern unterwegs. Die inzwischen 300 Spiele umfassen neben Grundlagen des Lesens und Rechnens auch Themen wie Kinderrechte, Gesundheit, Life Skills oder Kreativität. Die Organisation in Belgien stellt die Materialien zur Verfügung und bildet die Streetworker für den Umgang mit der Mobile School aus. Die Mobile School will sich der Lebenswelt der Kinder auf der Straße anpassen und setzt bei ihren Stärken an. Die Straßenkinder werden sozusagen als Expert*innen des Überlebens betrachtet und in den Kompetenzen unterstützt, die sie in ihrer Welt zum Überleben brauchen. Auf der Expertise der Kinder basiert auch das Finanzierungsmodell über eine weitere Organisation, streetwiZe (http://www.streetwize.be). Die Überlebenskompetenzen der Straßenkinder wurden analysiert und in ein Modell übertragen (Positiver Fokus + Agilität & Resilienz + proaktive Kreativität + Gleichgewicht zwischen Kooperation und Konkurrenz = Straßenweisheit). Auf Basis dieses Modells werden nun Schulungen für Unternehmen angeboten, die teilweise auch im Kontakt mit den Straßenkindern stattfinden. Die Gewinne von streetwiZe gehen wiederum an die Mobile Schools, so dass sich das Projekt fast vollständig selbst finanziert.

 **Change Making**
(S. S. 18)

Bildung für alle
(S. S. 16)

 Gamification
(S. S. 24)

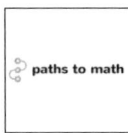

PATHS TO MATHS

Pikkala, Finnland

ww.pathstomath.com/
www.youtube.com/watch?v=rwvjYD6yduc

Mathematik ist bei den meisten Schülern ein unbeliebtes Fach. Das wollten die Macher von Paths to Math ändern und haben eine Methode entwickelt, die es Schülern ab der 7. Klasse ermöglichen soll, Mathematik spielerisch und lebensnah zu erlernen. Die Kinder lernen hier, gemeinsam an Lösungen zu arbeiten, und es kann auch vorkommen, dass Familienmitglieder einbezogen werden. Vor allem aber soll den Kindern nahegebracht werden, wofür sie Mathematik brauchen und wie ihnen Mathematik im Leben konkret helfen kann. Auf der Online-Plattform von Paths to Math finden sich neben interaktiven Aufgaben auch kleine Erklärfilme. Die Schüler*innen können hier online Aufgaben lösen und erhalten sofortiges Feedback. Die Lehrer erhalten wiederum eine Reihe von Methoden und Spielen in unterschiedlichen Niveaus sowie Hinweise für deren konkrete Anwendung.

 Lernpfade online
(S. S. 12)

 Lernen im Leben
(S. S. 28)

FOLKEHØJSKOLE

Dänemark

www.danishfolkhighschools.com/
www.youtube.com/watch?t=2&v=UZ2a4NKppOA

Die dänischen Volkshochschulen sind nicht mit den Volkshochschulen anderer Länder vergleichbar. Sie verstehen sich als freie Lernorte, in denen sich Menschen jeden Alters weiterbilden und -entwickeln können. Die Studenten leben hier für einen bestimmten Zeitraum (zwischen zwei Wochen und vier Monaten) auf dem Campus zusammen. Worin sie sich weiterbilden wollen, ob in Sprachen, Kunst, Sport oder Themen wie Menschenrechte, ist ihnen überlassen. Das System der dänischen Volkshochschulen existiert in allen skandinavischen Ländern. Die meisten Teilnehmer sind zwischen 18 und 24 Jahre alt, aber auch ältere Menschen besuchen die Schulen, denn die Volkshochschulen verstehen sich als Orte lebenslangen Lernens. Anders als in anderen Ausbildungsstätten geht es hier weniger darum, sich auf einen bestimmten Beruf vorzubereiten, sondern mehr darum, sich weiterzuentwickeln und die Allgemeinbildung zu verbessern. Die Zeit auf dem Campus soll den Teilnehmern helfen, sich selbst besser kennenzulernen und einen Platz im Leben und der Gemeinschaft zu finden. Obwohl es klare Unterrichtsstrukturen gibt, ist das Verhältnis zwischen den Lehrenden und den Studenten ein sehr freies, und die Studenten haben eine Reihe von Mitbestimmungsrechten. Gefördert wird diese Gemeinschaft durch das gemeinsame Leben auf dem Campus, zu dem auch gemeinsames Feiern gehört. Das Angebot der dänischen Volkshochschulen wird zum großen Teil durch öffentliche Mittel finanziert, die Teilnehmer zahlen etwa 170 in der Woche dazu.

Freiräume
(S. S. 22)

Gemeinschaft als Lernerlebnis
(S. S. 26)

Lernen, zu sein
(S. S. 30)

CORNELL COLLEGE

Iowa, USA

www.cornellcollege.edu
www.youtube.com/watch?v=W5ODyHtyhaY

«One Course at a Time" ist das Grundprinzip des Cornell College in Iowa. Damit sich die Studenten gründlich mit einem Thema auseinandersetzen können, finden nicht verschiedene Kurse über den Tag verteilt statt, sondern ein Kurs läuft 3 Wochen, danach startet der nächste. Dies ermöglicht ein vertieftes Lernen, ohne dass die Schüler immer wieder aus ihrer Arbeit herausgerissen werden. Neben der Theorie wird auf dem College viel Wert auf praxisorientiertes Lernen gelegt, zum Beispiel im Labor oder in der Natur. Und da nach 15 Uhr kein Unterricht mehr stattfindet und es keine Hausaufgaben gibt, können die Studenten neben der Hochschule in Teilzeit arbeiten oder ihren Hobbys und Ehrenämtern nachgehen. Nach 3 Wochen gibt es vier freie Tage, damit die Studenten das Gelernte verinnerlichen können. Eine weitere Besonderheit des Systems ist, dass sich die Studenten neben den angebotenen Studiengängen auch einen eigenen zusammenstellen können, immer in Zusammenarbeit mit mindestens zwei Professor*innen von verschiedenen Lehrstühlen. So können sich Studierende, soweit sie sich an die Grundbedingungen eines Bachelor of Arts halten, in allen Bereichen spezialisieren, die zu ihren Interessen passen. Auch haben sie die Möglichkeit, ihren Studiengang und ihre Schwerpunkte im Laufe des Studiums zu verändern.

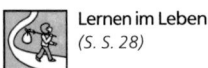

Lernen im Leben
(S. S. 28)

GREEN SCHOOL

Abiansemal, Bali

www.greenschool.org/
/www.youtube.com/watch?v=HD4bpztESWw

»Wir müssen unseren Kindern beibringen, dass unsere Welt nicht unzerstörbar ist« – das ist die Grundidee von John Hardy, dem Gründer der »Green School« in Bali. Die Kinder lernen hier, die Natur zu schätzen und zu bewahren. Das Herz der »Grünen Schule« ist ein Bambusgebäude, das keine Wände hat und mitten in der Natur steht. Wenn sich die Kinder doch einmal gegen Wind und Wetter schützen wollen, können sie sogenannte Bubbles (Blasen) aus Baumwollen aufspannen. Neben den üblichen schulischen Inhalten, mit welchen sich die Kinder auch für höhere Schulen qualifizieren können, lernen die Schüler hier Dinge wie Gemüse- oder Reisanbau oder wie man Häuser aus Bambus baut. Das ganze Schulsystem ist dem Thema Nachhaltigkeit gewidmet. So gibt es keine Wasser-WCs, sondern kompostierbare Toiletten, und die Schule erzeugt ihren eigenen Strom durch ein innovatives Turbinensystem. Viele der hier benutzten Materialien erzeugen die Schüler und Lehrer selbst, aus natürlichen oder recycelten Materialien. Auch Tiere leben ganz selbstverständlich auf dem Gelände und werden als Mitglieder der Schule betrachtet. Die Schule folgt der Idee, dass zur Bildung die Gesamtheit aus Körper, Intellekt, Emotionalität und Spiritualität gehört. Mittlerweile lernen an der Green School Schüler aus 24 verschiedenen Ländern. Um die Schule herum wächst langsam ein ganzes »Grünes Dorf« mit »Grünen Restaurants«, ähnlich gebauten Häusern, ja sogar »Grüne Firmen« siedeln sich hier an. Einer der leitenden Gedanken der Verantwortlichen ist es, regionale Lösungen für alle Probleme und Herausforderungen zu finden.

 Change Making
(S. S. 18)

 Lernen zu sein
(S. S. 30)

DEEP SPRINGS COLLEGE

Big Pine, USA

www.deepsprings.edu
/www.youtube.com/watch?v=9McGFypfUWQ

Eine Ranch mitten in der Wüste Ost-Kaliforniens – hier findet sich das Deep Springs College, das bereits 1917 gegründet wurde, im Zuge der Veränderung des Bildungsverständnisses nun aber neue Aufmerksamkeit erhält. Weniger als 30 Studenten leben hier zusammen. Zentrale Gedanken des College sind harte Arbeit, Engagement für die Gemeinschaft und Selbstverwaltung. Gleichzeitig soll das Leben auf der Farm den Studierenden täglich aufzeigen, dass ihre Handlungen oder direkte Auswirkungen auf ihre Umgebung haben. Studiengebühren werden keine erhoben, dafür verpflichten sich die Studenten zu 20 Stunden Arbeit in der Woche auf der Farm. Es gibt nur einen Studiengang, »liberal arts«, der allerdings je nach Interesse der Studierenden sehr variabel gestaltet werden kann. Professoren aus den Bereichen Geistes- und Naturwissenschaften stehen den Studenten zur Verfügung; das Verhältnis Professoren-Studierenden beträgt 1:5. Die Studierenden entscheiden selbst jedes Jahr, wer neu aufgenommen wird beziehungsweise im zweiten Jahr wiederkommen darf. Bisher werden nur Männer zugelassen, doch die Öffnung für Frauen ist in der Planung.

 Selbstorganisiertes Lernen
(S. S. 32)

 Gemeinschaft als Lernerlebnis
(S. S. 26)

SHIDHULAI SWANIRVAR SANGSTHA

Ahamadpur, Bangladesh

www.shidhulai.org/learning.html
www.youtube.com/watch?v=HLyKNcld_NI

Immer wieder wird Bangladesh von schweren Überflutungen heimgesucht, und in besonders starken Monsun-Jahren werden bis zu zwei Dritteln des Landes geflutet. In dieser Zeit schließen die meisten Schulen, da Kinder und Lehrer sie nicht mehr erreichen können. Shidhulai Swanirvar Sangstha ist eine Initiative, welche die Flüsse von Barrieren zu Kommunikationswegen umwandelt. Insgesamt 54 Boote, die jeweils Platz für ca. 30 Personen haben, werden losgeschickt, um die Schüler zu Hause abzuholen, auf den Booten zu unterrichten und danach wieder zurückzubringen. Die Boote selbst sind solarbetrieben und verfügen über Internetstationen. Ein positiver Nebeneffekt: Die Schüler*innen nehmen von den Booten aufgeladene Lampen mit nach Hause und haben dort dann Licht für ihre Hausaufgaben und für andere Tätigkeiten im Haushalt. Pro Tag finden drei Unterrichtsschichten auf den Booten statt. Das Angebot umfasst klassische Grundschulbildung und ein »Flusscurriculum«, das unter anderem Umweltschutz und Wasserkonservierung beinhaltet. Die Boote werden auch noch auf Weise nutzbringend eingesetzt: So dienen sie neben der Schularbeit auch als Krankenstationen, Büchereien und als Trainingszentren für Erwachsene. Bei diesen Trainings geht es um Themen wie Verständnis des Klimawandels, Solarenergie, Menschenrechte und nachhaltige Landwirtschaft. Die Produktion von Solarenergie finanziert einen großen Teil der Initiative.

 Bildung für alle
(S. S. 16)

 Change Making
(S. S. 18)

ESCAPE THE CITY

London, UK

www.escapethecity.org
www.youtube.com/watch?v=Z-qMTOn24YI

Viele Menschen sind zwar im Berufsleben scheinbar erfolgreich, doch sie fühlen sich nicht davon erfüllt und suchen nach sinnvolleren Tätigkeiten. »Escape the City« wendet sich an diese Menschen und will ihnen helfen, eine Arbeit zu finden, die sie lieben und als sinnhaft empfinden. Dabei gibt es zwei verschiedene Angebote. Die »Escape Tribes« sind Gemeinschaften von 50 Menschen, die sich gegenseitig bei der Jobsuche unterstützen, die »Start-Up Tribes« sind Gruppen, die eigene Firmen gründen. Beide Herangehensweisen ähneln sich darin, dass es neben einzelnen Inputs durch Workshops vor allem darum geht, 20 Herausforderungen auf dem Weg zum Traumjob zu meistern, begleitet von kleineren »Accountability Groups«, die sich in wöchentlichen Meetings gegenseitig unterstützen, ermutigen, aber auch immer wieder den notwendigen Druck ausüben, die selbstgestellten Herausforderungen auch anzugehen. »Learning by Doing« ist der leitende Gedanke der Initiative und damit die Überzeugung, dass es oft nur Mut und ein wenig Unterstützung braucht, um das Leben in neue Bahnen zu lenken. Die Programme laufen jeweils über einen Zeitraum von 15 Wochen und sind mittlerweile so erfolgreich, dass sogar Firmen bei der Suche nach Mitarbeitern die Plattform der Initiative nutzen.

 Duale Bildung 3.0
(S. S. 20)

 Selbstorganisiertes Lernen
(S. S. 32)

SCHULFACH HERAUSFORDERUNG

Berlin, Deutschland

www.ev-schule-zentrum.de/lern-und-schulkultur/herausforderung/
www.youtube.com/watch?v=_bC1AXk6H10

Sich ein Ziel zu setzen und dies zu verfolgen, auch wenn es anstrengend wird, ist eine wesentliche Erfahrung für junge Menschen, die Selbstvertrauen, Unternehmensgeist und Motivation in großem Maße stärken kann. Darum hat die Evangelische Schule Berlin Zentrum das Schulfach »Herausforderung« ins Leben gerufen. Über einen Zeitraum von drei Wochen im Jahr widmen sich Schüler der Klassenstufen 8 bis 10 einer selbstgewählten Herausforderung. Dafür überlegen sie sich zunächst, was sie interessieren und herausfordern würde und reichen dazu kleine Konzepte ein, für die sie individuelles Feedback erhalten. Dann finden sie sich in Gruppen mit anderen zusammen, die ähnliche Herausforderungen suchen, und entwickeln mit ihnen ein gemeinsames Vorhaben. Mit den verantwortlichen Coaches wird dann über Themen wie Sicherheit, Finanzielles und Aufgabenverteilung gesprochen. Die Herausforderungen können sehr unterschiedlich sein. Manche Schüler*innen nehmen sich vor, ein Buch zu schreiben, oder planen einen Bandauftritt. Manche verbringen drei Wochen auf einem Boot, Pferd oder Fahrrad oder laufen nach Holland oder durch England. Begleitet werden sie von einer erwachsenen Person, oftmals Lehramtsstudierende oder Alumni aus der Schule, die jedoch nur im Notfall eingreifen. Schwierige Momente, Heimweh, Konsequenzen von schlechter Vorbereitung – all das ist Teil der Lernerfahrung. Im Laufe der drei Jahre werden die Schüler*innen immer mutiger, gewinnen mehr Lust an der Selbständigkeit und stellen sich immer komplexeren Herausforderungen.

 **Lernen im Leben**
(S. S. 28)

 **Lernen zu sein**
(S. S. 30)

THE AFGHAN INSTITUTE OF LEARNING

Afghanistan

www.afghaninstituteoflearning.org
www.youtube.com/watch?v=TXQGzyRpLY4

Das Afghan Institute of Learning hat während der Taliban-Zeit rund 80 Untergrund-Schulen betrieben, um insbesondere Mädchen den Zugang zu Bildung zu ermöglichen. So haben sie »Learning Center« in den Flüchtlingslagern Afghanistans und Pakistans aufgebaut. Heute haben Mädchen wieder weitgehend freien Zugang zu Bildung und das Afghan Institute of Learning will sie darin weiterhin unterstützen. In den mittlerweile über 150 Einrichtungen werden Kinder aller Altersstufen und Ausbildungsniveaus betreut und unterrichtet. Die Center bieten auch Gesundheitsvorsorge, medizinische Behandlungen sowie gesundheitliche Aufklärung an. Die Lehrer werden vom Institut selbst ausgebildet. Neben den didaktischen Fähigkeiten erlernen sie hier auch den Umgang mit Themen wie Menschenrechten, Leadership, Demokratie und Frieden. Je nach regionalem Bedarf bieten die Center auch berufliche Ausbildungen an. Inzwischen haben sich die meisten Center auch zu »Women´s Networking Places« entwickelt, das heißt zu sicheren Orten für Frauen, an denen sie miteinander und voneinander lernen können und an denen sichere Diskussionsforen zur Verfügung stehen. Zudem bieten die Center für viele Frauen die einzige Möglichkeit, das Internet zu benutzen. Die Gründerin Dr. Sakena Yacoobi spricht von einer stillen Revolution: Die Frauen gehen nicht zum Protestieren auf die Straße, doch sie bilden sich – teilweise im Verborgenen – weiter, werden selbstbewusster und kompetenter und lernen nach und nach, über sich selbst zu bestimmen.

 Bildung für alle
(S. S. 16)

 Change Making
(S. S. 18)

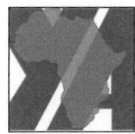

YOUNG AFRICA

Apeldoorn, Niederlande

www.youngafrica.org/
www.youtube.com/watch?v=zdhVb4iIxqg

Young Africa verbindet Berufsausbildung mit Unternehmensgründung und ermöglicht es so jungen Afrikaner*innen, sich selbst zu versorgen und gleichzeitig Verantwortung für die Gemeinschaft zu übernehmen. In den Zentren in Mozambique, Botswana, Zimbabwe und Namibia kommen Studenten und Unternehmer aus der Umgebung zusammen. Die Ausbildung erfolgt hauptsächlich im technischen, agrarwissenschaftlichen oder kaufmännischen Bereich, und nach der Ausbildung erhalten die Absolventen Unterstützung bei der Gründung ihres Unternehmens. «If it is to be, it is up to me" – diese zehn Zwei-Buchstaben-Worte leiten die Aktivitäten der Zentren. Über allem steht die Befähigung zur Verantwortungsübernahme für das eigene Leben. Damit verbunden ist die Überzeugung, dass neben der beruflichen Ausbildung auch die Entwicklung von geistigen und seelischen Kompetenzen notwendig ist, um ein sinnerfülltes Leben zu führen. Die Ausbildungen dauern in der Regel nur 6 bis 12 Monate. Der größte Teil davon ist dem praktischen Lernen gewidmet, nur etwa 30 Prozent ihrer Zeit verbringen die Studenten im Klassenzimmer. Einige der Zentren haben Schwerpunkte entwickelt, wie beispielsweise ökologische Landwirtschaftstechnologie in Mozambique oder grüne Bauweisen in Namibia. Alle Zentren haben auch Angebote für das Gemeinwesen und betreiben Jugendclubs, Internetcafés, Büchereien oder Restaurants. Zudem spielen Kunst und Sport eine große Rolle und regelmäßig werden Festivals organisiert, die immer auch von Bildungsangeboten begleitet sind. In den Zentren gibt es auch Wohnheime für Mädchen, in denen vor allem Waisen ein Zuhause finden, sowie Kinderkrippen, damit auch junge Müttern die Möglichkeit zur Berufsausbildung haben. 83 Prozent der Absolventen sind nach der Ausbildung in der Lage, sich und ihre Familien selbst zu ernähren, 32 von ihnen arbeiten selbständig.

 Duale Bildung 3.0
(S. S. 20)

 Lernen, zu sein
(S. S. 30)

KRANTI

Mumbai, Indien

www.kranti-india.org
/www.youtube.com/watch?v=Rs3_h5-mac8

Kranti ist eine Organisation, die Mädchen, die im Rotlichtmilieu von Mumbai geboren oder aufgewachsen sind, ein Zuhause und eine Ausbildung gibt. Kranti (»die Revolution«) nennt ihre Schülerinnen Revolutionärinnen. Die Verantwortlichen gehen davon aus, dass die Überlebensgeschichte der Mädchen eine besondere Quelle der Kraft ist und sie daher prädestiniert sind, sich für soziale Gerechtigkeit einzusetzen. Die Mädchen werden begleitet von einer Hausmutter, einer Lehrerin und einer Therapeutin. Sie erhalten individuellen Unterricht, angepasst an ihren Wissensstand und ihre Leidenschaften. Zudem erhalten sie therapeutische Unterstützung. Großen Wert wird auf künstlerischen Ausdruck, z. B. durch Tanzen oder (selbst geschriebenen) Theateraufführen, gelegt, und auch Auslandsaufenthalte sind möglich. Die Mädchen verstehen sich selbst als change agents, halten Vorträge über ihre Erfahrungen, über soziale Probleme in der indischen Gesellschaft sowie mögliche Lösungsansätze.

 Gemeinschaft als Lernerlebnis (S. S. 26)

 Change Making (S. S. 18)

 Bildung für alle (S. S. 16)

 Lernen zu sein (S. S. 9)

PLANT FOR THE PLANET

München, Deutschland

www.plant-for-the-planet.org
www.youtube.com/watch?v=wagntdw4ojM

Fast 15 Milliarden Bäume wurden durch die Initiative Plant for the Planet bereits gepflanzt – von Kindern. Weltweit finden dazu sogenannte »Akademien« statt – Kurse, die von Kindern geleitet werden, die wiederum andere Kinder über Klimagerechtigkeit informieren, d.h. darüber, wie sich der CO_2-Ausstoß verringern lässt und wie man selbst Bäume pflanzt. Zudem wird den »Schülern« beigebracht, wie sie selbst Vorträge halten und den Gedanken von Plant for the Planet weitertragen können. Plant for the Planet ist eine Organisation von Kindern für Kinder. Die Idee geht zurück auf ein Referat, dass der Viertklässler Felix Finkbeiner über die Klimakrise hielt und dabei erfuhr, dass die Friedensnobelpreisträgerin Wangari Muta Maathai aus Kenya mit ihrer Organisation 30 Millionen Bäume gepflanzt hat. Mittlerweile finden die kostenlosen »Akademien« in über 15 Ländern statt. 34.000 Kinder zwischen 9 und 12 Jahren haben bereits an den Akademien teilgenommen, agieren als Klimabotschafter und organisieren Pflanzpartys. In zahlreichen Medien wurde über die Organisation berichtet, und vor einigen Jahren konnten die Kinder sogar Vertreter der Süßwarenindustrie dafür gewinnen, ihr Unternehmen finanziell zu unterstützen. »Stop Talking, Start Planting«, die Grundidee ihrer Kampagne, soll sich verbreiten, damit die Kinder ihr Ziel erreichen: das Pflanzen von 1.000 Milliarden Bäumen!

Change Making
(S. S. 18)

COLEGIO CARDENAL DE CRACOVIA

Santiago, Chile

www.mundokarol.cl/
www.youtube.com/watch?v=fGRRaqtvjJo

Das Colegio Cardenal de Cravocia, eine Schule für Kinder der Klassen 1 bis 8, befindet sich in einem Brennpunkt mit hoher Armut, Arbeitslosigkeit und Drogenkriminalität in Santiago. Und weil sich für die Schüler hier Herausforderungen ergeben, welche die normalen Unterrichtsinhalte an Schulen übersteigen, hat sich die Schule zu einer eigenständigen »Republik« erklärt. Jede Klasse begreift sich als ein Bundesland mit eigenen Bereichen und Verwaltungen, und die Schule hat eine Verfassung, ein Gericht, sogar eine eigene Währung und eine Nationalbank. Innerhalb der einzelnen Bundesländer setzt sich beispielsweise das Gesundheitsministerium für regelmäßige Hygiene ein, das Bildungsministerium dafür, dass alle Schüler über die notwendigen Lernmaterialien verfügen, das Freizeitministerium dafür, dass genügend Aktivitäten außerhalb des Klassenzimmers stattfinden und so weiter. Sogar freie Wahlen gibt es. Alle Schüler*innen zwischen der dritten und achten Klasse können sich als Präsidentschaftskandidat*in vorstellen und werden in einem umfassenden Verfahren gewählt. Freie Rede und Presse sind ebenfalls garantiert. Die Verfassung der Schule wurde aus intensiven Gesprächen mit Lehrenden, Eltern und Schüler*innen erstellt, was gleichzeitig den Gründungsakt der »Republik« darstellte. Die Übernahme von politischen Ämtern stellt sicher, dass die Schüler*innen keine passiven Bildungsempfänger*innen sind, sondern aktiv ihr eigenes Lernen und das Lernen ihrer Mitschüler*innen gestalten. Die Schüler lernen so, ihr Leben trotz widriger Umstände selbstverantwortlich zu bestimmen sowie Verantwortung für andere zu übernehmen – Fähigkeiten, die sie auf ein Leben außerhalb der Schule vorbereiten.

Bildung für alle
(S. S. 16)

MY WORLD CURRICULUM

Rochdale, UK

www.mmhs.co.uk/learning
www.youtube.com/watch?v=eRpwRTZmnrg

Die Matthew Moss Slow School ist eine High School, welche die Idee der »Slow Education« in eine ganz normale Schule integriert hat. Und das sieht so aus: Die Schüler*innen erhalten jede Woche drei Doppelstunden Zeit, um alleine oder mit anderen Schülern eigenen Vorhaben nachzugehen. Hierbei stehen sie nicht unter Zeit- oder Leistungsdruck, denn es geht hier in erster Linie darum, das eigene Lernverhalten besser kennenzulernen und zu entwickeln. Die Idee trägt dabei der Erkenntnis Rechnung, dass Lernen nicht linear und eindimensional ist, dass ein vertieftes Verständnis der Dinge Zeit braucht, dass jeder eine eigene Art des Lernens hat und dass Fehler zum Lernprozess dazugehören. Die Schüler lernen auch, was es bedeutet, planlos zu sein, sich in einer Idee zu verrennen oder sich zu überfordern – alles wichtige Bestandteile, um sich selbst und das eigene Lernen zu reflektieren. Begleitet werden die Schüler*innen dabei von Lernmentor*innen. Die Schule hat ihr Curriculum gleichmäßig auf Wissen, Kompetenzen und persönliche Lebens-orientierung verteilt.

 Selbstorganisiertes Lernen *(S. S. 32)*

 Freiräume *(S. S. 22)*

SCHOOL IN THE CLOUD

Newcastle University, UK

www.theschoolinthecloud.org
www.youtube.com/watch?v=LEQc_NyAFXc

School in the Cloud ist ein Experiment zum selbstorganisierten Lernen. Es begann mit der Initiative «Hole in the Wall" in Indien, bei der PCs an öffentlichen Plätzen angebracht wurden – und zwar in Regionen, in denen kaum Zugang zu Bildung existiert und die meisten Kinder noch nie einen Computer gesehen haben. Wie sich herausstellte, beschäftigten sich die Kinder wissbegierig mit den Computern, lernten selbständig und unterrichteten sich gegenseitig in der Benutzung der PCs – und das alles ohne jeden Einfluss durch Erwachsene. Dieser Ansatz des »minimally invasive education« wurde dann weiterentwickelt und mündete schließlich in dem System School in the Cloud – ein System, das überall auf der Welt funktioniert. Dabei werden die Schüler*innen mit schwierigen Fragen konfrontiert – teilweise sogar in einer Sprache, die sie nicht verstehen – und dann mit dem PC alleine gelassen. Zum Teil können die Lösungen sehr schnell gefunden werden, zum Teil geht es aber auch um komplexe Themen, deren Bearbeitung sich über mehrere Monate hinziehen kann. Das Interessante dabei: Die Kinder brauchen keinen Lehrer im klassischen Sinne. Allerdings hat sich herausgestellt, dass sie besser arbeiten, wenn sie eine unterstützende Person an ihrer Seite haben. Die Macher nennen das die »Großmutter-Methode«, das heißt Menschen, die gar nichts über das zu bearbeitende Thema wissen müssen, schauen den Schülern über die Schulter, loben und bewundern sie und stellen Fragen. Ein weiterer wichtiger Faktor des selbstorganisierten Lernens ist, dass die Kinder nicht alleine vor dem PC sitzen, sondern gemeinsam arbeiten, diskutieren und sich gegenseitig Dinge erklären. Die Fragen, die bearbeitet werden, reichen von reinen Wissensfragen bis hin zu spekulativen Überlegungen wie »What would happen if you never ever made any memories?" oder «How long will humanity be able to live on this Earth?"

Selbstorganisiertes
Lernen
(S. S. 32)

STANFORD MOBILE INQUIRY-BASED LEARNING ENVIRONMENT (SMILE)

Stanford, US

gse-it.stanford.edu/research/project/smile
www.youtube.com/watch?list=PLFA1E4062649A5DB8&v=GDL19HWQC1U

SMILE (Stanford Mobile Inquiry-based Learning Environment) ist eine technische Möglichkeit, alle Lernenden gleichzeitig ins Unterrichtsgeschehen einzubinden und miteinander in Kontakt zu bringen. SMILE ist ein Programm, das auf Handys läuft, welche wiederum mit dem PC der Lehrenden verbunden sind. Im Wesentlichen verbindet SMILE die Möglichkeit, multiple choice Fragen zu erstellen, sie zu bewerten und zu beantworten. Kleine Gruppen von Lernenden befassen sich mit einem Thema, immer auf der Suche nach guten Fragen. Gleichzeitig erscheinen die Fragen der anderen auf dem Bildschirm und werden sowohl beantwortet als bewertet. Das Bewertungskriterium ist hierbei, ob die Frage beim Lernen unterstützt hat. Dabei entsteht auch ein Wettbewerb zwischen den kleineren Lerngruppen, da sichtbar wird, welche Gruppe die meisten richtigen Antworten hat. Die Lehrenden erleben an ihrem Bildschirm direkt mit, was passiert – auch welche Fragen wenig richtige Antworten erhalten haben – und können so bestimmen, ob sie der Klasse noch inhaltliche Inputs geben sollten. SMILE wurde zwar in Stanford entwickelt, funktioniert aber an einer Grundschule genauso wie an der Hochschule und wird momentan sogar noch größeren Dimensionen angepasst.

 Selbstorganisiertes Lernen
(S. S. 32)

 Big data für Bildung
(S. S. 14)

 Gamification
(S. S. 24)

SPACE ELEVATOR CHALLENGES

Saratoga (Kalifornien) u.a.

www.isec.org/
www.youtube.com/watch?v=T02t_MBgYVU

Wie hoch können wir bauen? Auf dieser Frage beruht das Projekt des International Space Elevator Consortiums (ISEC). Forscher aus aller Welt entwickeln dafür theoretische Konzepte für einen kostengünstigen und umweltfreundlichen Weg ins All als Alternative zu Raketen. Die Teilnehmer der Challenge sind in der Regel Studenten. Das Projekt stellt einerseits einen (spielerischen) Anreiz zum Lernen dar, trägt gleichzeitig aber auch dazu bei, die Forschung zum Thema voranzubringen. Das aktuelle Konzept des ISEC beinhaltet ein Seil, das von der Erdoberfläche bis zum geostationären Orbit reicht. Um das Seil gegen die Einwirkung der Gravitations- und Rotationskräfte gespannt halten zu können, muss das Zentrum der Masse des Space Elevator über diesem Orbit gehalten werden. Am Seil ist ein Aufzug befestigt, der die Nutzlast zur Raumstation oder zum Satelliten befördert. Die Energieversorgung soll mit »Power Beaming« (ähnlich wie Laser) erfolgen, und auch Solarzellen sollen genutzt werden. Nach diesen Kriterien bauen Teams nun Aufzüge ins All, die an diesem Seil entlang steigen.

Weltweit finden regelmäßig Challenges statt mit unterschiedlichen Höhenansprüchen, um für (junge) Forschende herausfordernde, aber noch machbare Aufgaben zu bilden. Die European Space Elevator Challenge an der TU München hat beispielsweise einen Einsteiger-Wettbewerb über eine kürzere Strecke ins Leben gerufen, um auch Schüler*innen die Teilnahme zu ermöglichen.

Gamification
(S. S. 24)

EDTECH

Paris, Frankreich

www.cri-paris.org
www.youtube.com/watch?v=elKuP_Udzcw

Ein Masterstudiengang, der sich ausschließlich mit neuen Formaten der Lehre befasst – so etwas gibt es seit einiger Zeit am Centre de Recherches Interdisciplinaires (CRI) in Paris, das als gemeinsames Institut der Sorbonne und der Université Paris Descartes gegründet wurde. Der ursprüngliche Schwerpunkt des Centres war die Verzahnung der Lebenswissenschaften mit den Natur- und Sozialwissenschaften. Nun gibt es hier auch den Studiengang EdTech, bei dem Studierende lernen, Lernspiele zu erfinden und teilweise auch selbst zu programmieren, MOOCs (Online-Kurse) sowie einzigartige Curricula zu entwickeln, und bei dem sie die Rahmenbedingungen erhalten, um neue Lehrmethoden auszuprobieren. Angegliedert sind dem Studiengang zudem ein Game-Lab und eine MOOC-Factory sowie ein Programm, das mit Kindern auf hohem Niveau forscht (»Les Saventouriers« – »Die Wissensabeuteurer«). Neben dem Masterstudiengang EdTech bietet das CRI für Studierende verschiedener Universitäten auch Kurse zu den Themen »Spielerisch Lernen«, »Innovative Wissenschaftsvermittlung«, »Co-Design« oder »Praktische Bildungsphilosophie« an.

STUDIO SCHOOLS

Manchester, UK

www.studioschoolstrust.org
www.youtube.com/watch?v=NMr3ShT_KI4

»Lernen durch Tun« – das ist der Grundsatz der Studio Schools. Schüler lernen hier an konkreten Projekten, durch die sie gleichzeitig schon früh auf das Arbeitsleben vorbereitet werden. Zwei Grundprobleme motivierten die Verantwortlichen dazu, eine neue Art von Schule zu gründen: 1. Viele Schüler haben keine Lust, zur Schule zu gehen, und würden viel dafür tun, es zu vermeiden; 2. Selbst Schüler, die erfolgreich ihren Schulabschluss schaffen, finden später oft keine Ausbildung oder Arbeit. Daher wurde eine Umfrage gestartet, was Teenager dazu bringen würde, dafür zu kämpfen, in die Schule gehen zu dürfen. Die gesammelten Antworten zeigten, dass für die meisten Schüler rein kognitive Fähigkeiten, wie sie an traditionellen Schulen vorrangig gelehrt werden, nebensächlich waren. Viel wichtiger waren für sie Ziele wie Selbstvertrauen, Resilienz, Sinn, Motivation, praktisches Arbeiten und eine gute Vorbereitung auf das Arbeitsleben. Die Verantwortlichen gründeten daher die Studio Schools, die sich vor allem zwei Zielen verschrieben haben: die Lust der Schüler zu fördern, zur Schule zu gehen, und Schülern einen guten Einstieg in das Arbeitsleben zu ermöglichen. Studio Schools haben jeweils maximal 300 Schülern und kleine Klassen. Die meiste Zeit des Tages ist praktischen Tätigkeiten gewidmet. Dabei arbeiten die Schüler eng mit regionalen Unternehmen zusammen, und viele ihrer Projekte entwickeln sich sogar so erfolgreich, dass sie damit Geld verdienen können. Die Schüler*innen haben Coaches, die ihren persönlichen Lernweg zu begleiten, und arbeiten nach einem Zeitsystem, das die Arbeitswelt widerspiegelt. Die Themenschwerpunkte des Lernens sind Kommunikation, Umgang mit Technologien, Transformation des Gemeinwesen, die Welt verstehen, gesundes Leben sowie kreatives, unternehmerisches Verhalten. Dazu erlenen die Schüler aber auch die klassischen Fächer, so dass sie auch auf eine akademische Laufbahn vorbereitet werden können. Zwei Jahre nach der Gründung der ersten Studio School konnten die Macher feststellen, dass gerade die Jugendlichen, die vorher zu den schlechtesten Schülern gehörten, in dem neuen System zu den besten 25 Prozent gehörten. Das Konzept Lernen durch Arbeiten und Arbeiten durch Lernen scheint also vor allem Schüler anzusprechen, die mit den traditionellen Lernformen des Zuhörens und Auswendiglernens Probleme haben. Schulen, die sich zu einer Studio School transformieren wollen, erhalten Unterstützung vom Studio School Trust.

 Selbstorganisiertes Lernen
(S. S. 32)

 Duale Bildung 3.0
(S. S. 20)

ROOTS OF EMPATHY

Toronto, Kanada

www.rootsofempathy.org
www.youtube.com/watch?v=gIgLGt4hZuY

Roots of Empathy ist ein Programm für Schulen, das darauf ausgerichtet ist, Schüler bei ihrer Entwicklung zu empathischen, mitfühlenden und für das Gemeinwohl engagierten Menschen zu unterstützen. Die gemeinnützige Organisation bringt Familien mit ihren Babys in die Klassen, und die Schüler lernen über die Beobachtung des Babys und vor allem auch der Eltern-Kind-Beziehung viel über Fürsorge, über menschliche Bedürfnisse und wie diese zu stillen sind. Die Hoffnung der Verantwortlichen ist, dass die Kinder dadurch lernen, Gefühle besser zu erkennen, Mimik zu interpretieren, das individuelle Temperament jedes Wesens zu akzeptieren und dadurch auch sich selbst und ihre Mitschüler besser zu verstehen. Während sie sich mit dem Temperament ihres Babys befassen, reflektieren die Schüler ihre eigene Persönlichkeit. Und während sie versuchen, die Probleme des Babys zu lösen, lernen sie ihre eigenen Probleme ernst zu nehmen und zu lösen sowie sich gegenseitig bei Problemen zu unterstützen. Tatsächlich zeigen Untersuchungen, dass sich durch Root of Empathy das soziale Verhalten der Schüler verbessert und Aggressionen sowie Mobbing in den beteiligten Schulen reduziert werden. Das Programm richtet sich an Kindergärten und Schulen bis zur achten Klasse. In der Regel begleitet ein Baby eine Klasse über ein Schuljahr, indem die Familie etwa alle zwei Wochen die Schüler besucht. Dabei gibt es viele Möglichkeiten, RoE in den Lehrplan einzubauen, denn von den Erlebnissen mit dem Baby ausgehend lassen sich unterschiedliche Verbindungen zu Sprache, Kunst, Gesellschaftsthemen, Umweltfragen, ja sogar zu Mathematik ziehen. Roots of Empathy wird von der Kanadischen Regierung unterstützt und hat den internationalen Changemaker Award der Ashoka Organisation, die neue soziale Bewegungen und Unternehmungen fördert, gewonnen.

Lernen zu sein
(S. S. 30)

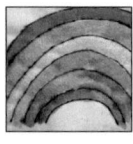

EGALIA

Stockholm, Schweden

www.sodermalmsforskolor.se/egalia
www.youtube.com/watch?v=4rhZnQelMjU

Eine Erziehung ohne jede Form von geschlechtsspezifischen Zuweisungen – das ist die Idee von Egalia, einer Organisation, die einen Kindergarten sowie eine Vorschule in Schweden betreibt. Die Macher von Egalia sind der Überzeugung, dass die Unterscheidung der Geschlechter Menschen klassifiziert und in vorgegebene Rollen drängt – und das bereits im Kindesalter. Erzieher*innen verhalten sich normalerweise gegenüber Mädchen und Jungen unterschiedlich und verstärken dadurch geschlechterspezifische Rollen. Egalia achtet daher darauf, dass in ihren Erziehungseinrichtungen keinerlei geschlechterspezifische Pädagogik oder Gegenstände genutzt werden. Das Thema Geschlecht wird gegenüber den Kindern nicht angesprochen, und die Erwachsenen achten darauf, dass es auch keine Rolle in den Aktivitäten spielt. Für die Eltern und Erzieher ist es besonders wesentlich, dass die Kinder lernen, sich gegenseitig zu unterstützen, ihre eigenen Gefühle zu erkennen und Empathie zu entwickeln. Dafür gibt es unter anderem Gesprächsrunden, in denen es überwiegend um Gefühle, Gemeinsamkeit und Umweltthemen geht. Auch das Thema Liebe wird (ohne Bindung an Geschlechterstrukturen) besprochen. Zudem gibt es jede Woche Zeiteinheiten, die sich mit Tanz, Bewegung, Kunst und Theater, aber auch mit Mathematik und Sprache befassen. Die Kinder sollen lernen, dass jeder Mensch einzigartig und wertvoll ist, und dass es wichtiger ist, nach den eigenen Prinzipien zu leben als sich an den Erwartungen anderer auszurichten. Gestärkt wird dieser Ansatz dadurch, dass die Erwachsenen diese Ideen vorleben.

 Lernen zu sein
(S. S. 30)

ART OF LIVING INTUITION PROCESS

Bangalore, Indien

www.artofliving.org/in-en/intuition-process
www.youtube.com/watch?v=_I83sr6x0mM

Die Organisation Art of Living geht davon aus, dass jeder Mensch über intuitive Fähigkeiten verfügt, die jedoch oft verschüttet sind. Die Gründer sind zudem der Ansicht, dass diese Intuition gerade bei Kindern und Jugendlichen leicht zu wecken ist und dass Menschen, die mit ihrer Intuition verbunden sind, kreativer und engagierter sind. Der »Intuition Process« der Organisation ist ein Programm, das Kinder zwischen 8 und 18 Jahren besuchen können. Es erstreckt sich über jeweils 2 Stunden an zwei Tagen. Die Kurse beginnen mit einer Meditation, damit die Kinder lernen, innere Ruhe zu erlangen. Dann fangen sie an, mit verbunden Augen Farben, Formen oder Zahlen zu erraten, am Ende sogar Texte vor dem inneren Auge zu sehen. Anhand dieser Aufgaben sollen die Kinder lernen, nicht auf ihre Erwartungen, sondern auf ihre innere Stimme zu hören. Das Ziel ist es, die Intuition der Kinder zu verbessern, ihr Selbstvertrauen zu stärken, Achtsamkeit und Rücksicht zu fördern sowie Kreativität und Intelligenz zu steigern.

Lernen zu sein
(S. S. 30)

SCHOOL OF ONE

New York, USA

www.izonenyc.org/initiatives/school-of-one/
www.youtube.com/watch?v=HSTrI6nj5xU

Ein Lernprogramm, das sich an den individuellen Bedürfnissen jedes einzelnen Schülers ausrichtet – das ist School of One (So1), ein Pilotprojekt des New York City Department of Education, ausgeführt durch iZone NY. Bisher wird es ausschließlich im Mathematikunterricht der Mittelstufe angewendet. So1 basiert auf der Annahme, dass es keine Kinder gibt, die »zu dumm für Mathe« sind, sondern dass sie nur in ihrem eigenen Rhythmus und angepasst an den eigenen Lernstil lernen müssen. So1 kombiniert inhaltliches Wissen mit acht verschiedenen Lernsettings: Arbeit mit Lehrenden im Klassenzimmer; Arbeit in Kleingruppen; peer-to-peer (zwei Schüler unterrichten sich gegenseitig); Arbeit mit Lehrenden online; Übungen online; Arbeit mit online Tutoren (eins zu eins); Alleinarbeit mit Lernmaterialien; themenzentrierte, komplexe Aufgaben, die sich über mehrere Tage ziehen. Jeden Tag erhalten die Schüler Tests zu dem bereits Erlernten, und falls sich dabei Schwierigkeiten ergeben, werden ihnen andere Lernumgebungen angeboten. Das Programm fungiert dabei als selbstlernendes System, das sich die individuellen Fähigkeiten und Vorlieben der Schüler merkt. Zudem können die Schüler die von ihnen favorisierten Lernsettings auch selbständig kombinieren.

 Big data für Bildung
(S. S. 14)

 Selbstorganisiertes Lernen
(S. S. 32)

GOOGLEEDU

Mountain View, USA

www.google.com/intl/de/about/company/
www.youtube.com/watch?v=nhD-rojP11M

Google legt besonders großen Wert auf die interne Fortbildung ihrer Mitarbeiter. Dabei nutzen sie ihre Erkenntnisse in der Datenanalyse auch für diesen Zweck. So sammeln sie Daten darüber, welche Kurse Mitarbeiter*innen nützlich fanden, welche Fortbildungen Mitarbeiter*innen ihren Vorgesetzen empfehlen würden, welche Fortbildungen wann besonders relevant sein (kurz nach Firmeneintritt, am Anfang einer Leitungstätigkeit etc.) und in welchen Arbeitsbereichen Veränderungen besonders nötig sind. So lassen sich sowohl Trainingsinhalt als auch Zeitpunkt optimieren und den Mitarbeiter*innen besserer Fortbildungsangebote unterbreiten. Aus ihren Datenanalysen haben sich für Google vier grundlegende Erkenntnisse zum Thema lernen ergeben: 1. Lernen ist ein Prozess. Das eigentliche Lernen passiert nicht während des Seminars, sondern in der Umsetzung sowie in Gesprächen über das Erlernte. 2. Lernen findet im normalen Alltag statt, mehr als in Seminaren – insbesondere in Zeiten von Herausforderung. Am offensten für Lernen sind Mitarbeiter*innen daher an Wendepunkten ihres Lebens oder ihrer beruflichen Laufbahn. 3. Lernen ist individuell, jede Person hat einen eigenen Lernstil und es gibt keine Lernlösung für alle. Über die Reflexion des eigenen Lernstils können neue Herausforderungen geschaffen werden. 4) Lernen ist ein sozialer Prozess. Daher hat es sich auch als besonders sinnvoll erwiesen, dass die meisten Kurse nicht von Externen, sondern von Google-Mitarbeitern angeboten werden. Damit rücken die Fortbildungen auch näher an die Organisationskultur und den tatsächlichen Arbeitsalltag.

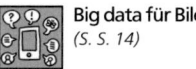
Big data für Bildung
(S. S. 14)

COURSERA

Stanford, USA

www.coursera.org/
www.youtube.com/watch?v=U6FvJ6jMGHU

Coursera ist eine Plattform für MOOCs (Massive Open Online Courses), Online-Kurse, die allen Interessierten kostenfrei zur Verfügung stehen. Durch die MOOCs haben Menschen weltweit die Möglichkeit, an universitären Angeboten teilzuhaben – unabhängig von ihrem eigenen Bildungshintergrund und dem Hochschulangebot vor Ort. Lediglich identitätsgeprüfte Zertifikate sind kostenpflichtig, wenn sie an Hochschulen anerkannt werden sollen. Teilnahmebescheinigungen sind kostenfrei. Das Besondere von Coursera ist, dass es sich hier um echte Kurse handelt und nicht nur um hochgeladene Inhalte. Jeder Kurs hat einen Anfang und ein Ende, Kapitel werden wochenweise freigeschaltet, es gibt echte Prüfungen, eine Gruppe von Lernenden, Lehrende, die regelmäßig online gehen, und gegenseitiges Feedback bis hin zur Benotung durch Mitlernende. Im Gegensatz zu Vorlesungen können Studierende hier jedoch im eigenen Rhythmus lernen. Für die Lehrenden ist es wiederum vorteilhaft, dass sie sich nicht mehr auf die kontinuierliche Wiederholung von Inhalten konzentrieren müssen, da diese in den Videos aufbereitet sind, und sich stattdessen auf die Kommunikation und den Lernprozess fokussieren können. Coursera erstellt keine eigenen Inhalte, sondern erhält diese über Partnerverträge mit vielen Universitäten auf der ganzen Welt (Stand 2016: 140 Hochschulen, 1.800 Kurse, 18 Millionen Lernende). Das Spektrum der Themen ist daher ebenso breit wie das Themenfeld an Hochschulen. Die Vorprogrammierung der Plattform ermöglicht das einfache Hochladen von Videos, Tests, Diskussionen und anderen Materialien. Da die Plattform zudem das einfache Sammeln und Auswerten von Daten ermöglicht, ist eine kontinuierliche Verbesserung möglich. Wenn es beispielsweise bei Tests häufig ähnliche falsche Antworten auf eine Frage gibt, erkennen die Lehrenden sofort, wo es noch Erklärungsbedarf gibt, und können weitere Erläuterungen zum Thema freischalten.

 Bildung für alle
(S. S. 16)

 Big Data für Bildung
(S. S. 14)

 Lernpfade online
(S. S. 12)

THE SLOW SCHOOL OF BUSINESS

Melbourne, Australien

www.slowschool.com.au/talkonpurpose/
www.youtube.com/watch?v=SDICo4PfEO0

Die Slow School of Business richtet sich an Interessierte, die ein Unternehmen gründen wollen oder bereits gegründet haben, welches sich für eine bessere Welt einsetzt. Viele Mitglieder der Gemeinschaft, Lernende wie Lehrende, sind »corporate escapees«, Menschen, die bereits in der Wirtschaft gearbeitet haben und nun auf der Suche nach Alternativen sind. An der Slow School of Business verstehen sich alle als Lehrende und Lernende zugleich und inspirieren sich gegenseitig. Die Kurse sind meist kurz gehalten und setzen vor allem auf praktische Umsetzbarkeit des Gelernten. Ein wesentliches Element des Lernens ist es, inspirierende Reden zu halten, die von den Studenten eine tiefe Auseinandersetzung mit sich selbst und den eigenen Zielen erfordern und zugleich als Basis des Erfolgs verstanden werden. So lernen die Teilnehmer beispielsweise bei dem viertägigen Kurs »Talk on Purpose«, der nach dem Vorbild der TED-Talks ausgerichtet ist, ihr Anliegen in gut strukturierte, inspirierende Reden zu fassen, welche dann auf dem schuleigenen YouTube-Kanal ausgestrahlt werden und somit zugleich als Marketing-Strategie wirksam werden können. Die Slow School of Business gründet sich auf die Prinzipien »Courage«, »Consciousness«, »Compassion«, »Connection« und »Co-Creation. Sie versteht sich als einen Ort, der mutiges und ehrliches Lernen und Handeln befördert.

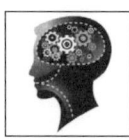

RAPID LEARNING INSTITUTE

Eddystone, USA

www.rapidlearninginstitute.com
www.youtube.com/watch?v=IlqANTqusx0

Fortbildungen kosten viel Zeit und bringen meist wenig konkrete Ergebnisse – diese Erkenntnis veranlasste die Gründer des Rapid Learn Institutes dazu, ein neues Fortbildungsprogramm zu entwickeln. Kurze Videos von maximal zehn Minuten Länge, die sich nur mit einem einzigen Thema befassen und genau dann eingesetzt werden, wenn es um eine konkrete Umsetzung geht, sind die Grundlage dieses Konzepts. Es beruht auf der Überzeugung, dass sich Wissen nur dann festsetzt, wenn es unmittelbar danach angewendet wird, und dass die Menschen in der modernen Arbeitswelt nur noch sehr kurze Aufmerksamkeitsspannen haben. »Chunk Learning« nennen die Macher daher dieses Konzept des Lernens. Die Lerneinheiten sind einfach aufgebaut; dabei handelt es sich im Wesentlichen um Power-Point Präsentation mit Voice-Over. Zudem werden sie fortlaufend weiterentwickelt. Manche Einheiten geben einen Überblick zu einem Themenkomplex (beispielsweise Konfliktmanagement), andere beschreiben konkrete Methoden (beispielsweise die Reverse Cold Feet Methode). Die bisherigen Schwerpunkte liegen im Vertrieb und Management.

Duale Bildung 3.0
(S. S. 20)

HENRY FORD LEARNING INSTITUTE

Dearborn, USA

www.hfli.org/
www.youtube.com/watch?time_continue=42&v=vapLA0ablsM

Das Henry Ford Learning Institute (HFLI) entwickelt Programme, um Menschen dabei zu unterstützen, ein kreativeres Denken und Lernen zu entwickeln. Die Organisation wendet sich an Unternehmen, Schulen, Gemeinden, aber auch Einzelpersonen. Ein zentraler Bestandteil der Lernprogramme ist Design Thinking, ein 6-stufiges Problemlösungsmodell. Es umfasst folgende Lernschritte: 1. Empathie entwickeln, d.h. zunächst muss das Problem der betroffenen Menschen wirklich verstanden werden; 2. Definieren, d.h. das Problem muss konkretisiert und auf einen Punkt gebracht werden; 3. Ideen entwickeln, um eine Auswahl an Lösungsmöglichkeiten zu haben; 4. Prototypen erstellen, d.h. ein Lösungsweg muss konkret ausgeführt werden; 5. Feedback einholen, d.h. der Prototyp muss getestet und gegebenenfalls weiterentwickelt werden; 6. Reflexion des Erlernten ermöglichen. Der Vorteil dieses Lernmodells: Es verbindet Lern- und konkrete Lebens-/Arbeitswelt miteinander und verhindert, dass sich die Lernenden monatelang in nicht ausführbaren Theorien verheddern. HFLI versteht sich als einen Ort des lebenslangen Lernens. Zu dem Institut gehören vier Henry Ford Akademien, in denen anhand von Design Thinking unterrichtet wird.

Lernen im Leben
(S. S. 28)

KAOSPILOT

KAOS PILOTS

Aarhus, Dänemark

www.kaospilot.dk/
www.youtube.com/watch?v=K4U8a6eYyEY

Die Koaspiloten sind ein akkreditierter Studiengang, der sich auf die praktische Durchführung und erfolgreiche Vollendung von konkreten Projekten fokussiert. Er richtet sich an kreative Menschen, die eine Idee verwirklichen oder ein Unternehmen gründen wollen, mit besonderer Ausrichtung auf Social Entrepreneurship. Die Studenten erlangen während des dreijährigen Programms Wissen, Fähigkeiten und Haltungen, die es ihnen ermöglichen, ihrer Version zu folgen und ihre Ideen zu verwirklichen. Dabei geht es konkret um Lernziele wie Unternehmensgründung, Organisation, Führungskompetenz, Personalfragen und ähnliches. Die Kompetenzen, die dabei im Mittelpunkt stehen, sind Subject Competence, Relationship Competence, Change Competence und Action Competence. Eine Studienwoche setzt sich in der Regel aus einem Gruppentag, zwei Workshoptagen und zwei Selbstlern-/Selbstmachtagen zusammen, begleitet von mindestens einem 90minütigem Coaching pro Monat. Die Studierenden übernehmen während des Lernens bereits konkrete Verantwortung, erhalten Aufträge von Partnerorganisationen der Schule oder arbeiten an eigenen Projekten. Im Laufe der drei Jahre nimmt das eigenständige Handeln immer mehr Raum ein. Am Ende der Semester gibt es auch Klausuren, die jedoch immer im direkten Zusammenhang mit den durchgeführten Projekten stehen.

 Change Making
(S. S. 18)

 Duale Bildung 3.0
(S. S. 20)

 Lernen im Leben
(S. S. 28)

 Freiräume
(S. S. 9)

KHAN ACADEMY

www.khanacademy.org/
www.youtube.com/watch?v=nTFEUsudhfs

Die Khan Academy erstellt kleine, sehr einfache Erklärvideos, ursprünglich ausschließlich für das Fach Mathematik, inzwischen aber auch in vielen anderen Bereichen. Die Gründer gehen davon aus, dass es für Kinder einfacher ist, im eigenen Rhythmus zu lernen. Daher hilft es ihnen, wenn sie beispielsweise ein Video vorspulen oder Dinge mehrfach ansehen können. Ursprünglich als Ergänzung zum Unterricht gedacht, halten die Inhalte immer mehr Einzug ins Klassenzimmer. Das Lernen kann dann zum einen im Sinne des »flipped classrooms« (umgedrehtes Klassenzimmer) zu Hause stattfinden, während die Zeit in der Schule für konkrete Besprechungen oder Nachfragen genutzt werden kann. Es kann aber auch komplett eigenständig anhand der Videos gelernt werden, zumindest in einigen Fächern. Für sie hat die Akademie ganze Lernpfade zusammengestellt, gepaart mit Aufgaben, die bei der Beantwortung direkt »richtig« oder »falsch« zurückmelden, ohne benotet zu werden. Die einzelnen Lernpfade sind dann von den Lehrenden einsehbar, so dass sie wissen, wann und zu welchen Themen sie Unterstützung geben müssen. Die Khan Academy baut ihr Kurs- und Aufgabenangebot inhaltlich kontinuierlich aus und übersetzt die Kurse zudem ständig in neue Sprachen. Die Kurse sind kostenlos und stehen jedem Menschen mit Internetzugang zur Verfügung.

 Big Data für Bildung
(S. S. 14)

 Lernpfade online
(S. S. 12)

PUBLIC LAB

www.publiclab.org/
www.youtube.com/watch?v=hMYYRwh8ssc

Das Public Laboratory for Open Technology and Science (Public Lab) gründete sich nach der Ölkatastrophe im Golf von Mexiko im Jahr 2010. Ausgangspunkt war die Tatsache, dass es zum damaligen Zeitpunkt kaum Informationen über Ursachen und Ausmaß der Katastrophe gab. Die Idee der Gründer war es daher, dass die Menschen selbst die notwendigen Informationen sammeln und miteinander teilen müssen und sich nicht auf die Informationspolitik der großen Unternehmen verlassen dürfen. Mittlerweile ist Public Lab eine große Gemeinschaft von Wissenschaftlern, Technikern, Unternehmen und Privatpersonen, die sich für Umweltthemen einsetzen. Sie können auf der Plattform ihre Ideen für den Schutz der Umwelt verbreiten oder Wissen zum Thema erwerben. So werden hier beispielsweise kostenlose Bau- und Nutzungsanleitungen für einfache Messeinrichtungen zur Verfügung gestellt. Zudem arbeiten sie Themengebiete als einfache Online-Kurse auf. Mitglieder können auch Fragen einstellen, so dass neue Tools und Handlungsanweisungen entwickelt und verbreitet werden. Eines der Prinzipien ist es, möglichst lokal in Gemeinschaften zu forschen. Die Lernenden sammeln Daten in ihrer direkten Umgebung und stellen diese zusammen. Alle entwickelten und vermittelten Technologien basieren darauf, dass sie günstig, open source sowie einfach zu handhaben sind. So bildet das Public Lab die Gesellschaft in Umweltforschung aus und bringt das Thema aus den Expertenlabors heraus.

 Change Making
(S. S. 18)

UDACITY

UDACITY NANODEGREE

www.udacity.com/nanodegree
www.youtube.com/watch?v=RWuBNx5XZZA

Nanodegrees sind »kleine Abschlüsse« im Bereich der Informationstechnologie, geeignet für Menschen, die nicht einen kompletten Studiengang belegen möchten, sondern sich ihre Kompetenzen lieber einzeln und intensiv aneignen möchten. Dabei handelt es sich um ein Lernprogramm der Udacity (auch bekannt geworden unter dem Namen »Google-Universität«), einer Internet-Universität, die nicht mit Professoren anderer Universitäten, sondern mit Vertretern der Industrie zusammenarbeitet und von Firmen wie Google, Facebook, Cloudera und anderen unterstützt wird. Das Ziel der Nanodegress ist, das eigene Bewerbungsportfolio gezielt auf die Bedürfnisse des zukünftigen Arbeitgebers hin aufzubessern. Bisher umfasst das Angebot die Themen Informationstechnologie, Statistik und künstliche Intelligenz. Teilnehmer können so spezielle Kurse wie »Entwicklung von Android Apps« besuchen und mit einem Zertifikat abschließen. Alle Nanodegrees beginnen mit einem Anfangstest, so dass Übungen, Material und Unterstützung auf dem jeweiligen Niveau des Lernenden stattfinden und niemand über- oder unterfordert wird. Durch die Überschaubarkeit der Nanodegree-Themen kann sehr schnell auf neue Trends in der Programmierung reagiert werden. Die Kurse sind kostenlos für jeden einsehbar; allerdings müssen die Betreuung und die Zertifikate bezahlt werden.

 **Lernpfade online**
(S. S. 12)

 **Duale Bildung 3.0**
(S. S. 20)

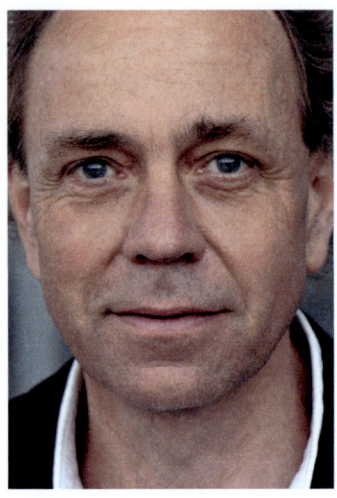

Monia Ben Larbi
entwickelt neue Formate des Lernens
und Zusammenarbeitens, die Freiheit
und Entwicklung ermöglichen.

Stephan Breidenbach
ist auf Innovationen spezialisiert,
die aktiv und wirksam Gesellschaft
mitgestalten.